ANNE-DORE KROHN & DENIS SCHECK

Hungrig auf
auf
Berlin

MERIAN

Inhalt

Inhalt

Inhalt

Vorbemerkung

BERLIN-MEMORY

Wir haben für unseren kulinarischen Führer durch Berlin die Struktur eines Memory-Spiels gewählt. Ein Memory-Spiel – übrigens die Erfindung der Schweizer Kindergärtnerin Bertha von Schroeder aus den 1940er-Jahren – enthält 32 Karten, geordnet zu 16 Paaren. Auch wir fassen unsere 32 Empfehlungen zu 16 Paaren zusammen, die meist einen Gegensatz zwischen Streetfood und Haute Cuisine markieren – so folgt auf *Mustafas Gemüse Kebap* der Sternevegetarier *Cookies Cream* und auf den *Grill Royal* die *BSR-Kantine*. Manchmal ist der Bezug aber auch ein anderer, etwa der politische Anspruch, der das *Nobelhart & Schmutzig* mit dem *Kreuzberger Himmel* verbindet, die Auffassung von Lebensmitteln als Kultur, wie sie die *Markthalle Neun* und das *Kochu Karu* vorleben, oder die Wesensverwandtschaft zwischen einem Metropolen-Italiener wie dem *Sale e Tabacchi* und einem Metropolen-Griechen wie dem *Cassambalis*. Heute existieren rund 10 000 Gastronomiebetriebe in Berlin. Dass wir dieser enormen Vielfalt in 32 Kapiteln nicht gerecht werden können, versteht sich von selbst. Wir haben unsere Auswahl höchst subjektiv und rein nach dem Lustprinzip getroffen und hoffen, unsere Leserinnen und Leser lassen sich davon anstecken und verfahren genauso.

Anne-Dore Krohn & Denis Scheck
im März 2022

Das Märchen von Berlin

Wenn Nebel über den Ku'damm zieht und unsere Gegenwart mit ihren Schriftzügen, Werbeplakaten und Schaufensterdekorationen auslöscht, sodass nur die Silhouetten der Passanten im matten Lichtschein der Laternen übrig bleiben, kann man sich manchmal ins Berlin der 1920er-Jahre versetzt fühlen. Dann scheinen Fetzen von Charleston aus Tanzkneipen zu dringen. Die Comedian Harmonists singen »Mein kleiner grüner Kaktus«, Anita Berber, die wildeste Frau der Weimarer Republik, wirbelt nackt über die Bühnen, und Blandine Ebinger webt aus »Ach, er haßt, daß ich ihn liebe« melancholische Schleier. Wer die kulinarische Gegenwart Berlins vermessen möchte, beginnt am besten mit einem Bummel durch die gastronomische Vergangenheit der Stadt in den 20er-Jahren. Auf diesem wird schnell klar, in welchem Maß Berlin heute an eine Geschichte anknüpft, die die Stadt zum Sehnsuchtsziel der Amüsierlustigen und Feierwütigen weltweit machte – aber auch zum Zentrum der Geschundenen und Ausgebeuteten. Hungrig waren sie alle, sehr unterschied sich jedoch, wonach sie Appetit hatten. Die Dämonen der Vergangenheit sind im heutigen Berlin allgegenwärtig – und man begegnet ihnen auch in der Küche. Diese Stadt besitzt einen eisernen Magen.

Die Gastronomie Berlins steckt voller packender Geschichten, die wir während unserer Recherche für dieses Buch kaum glauben konnten. Zum Beispiel der Fall des legendären Restaurants *Horcher*, das während der Nazizeit nach Madrid umzog – mitsamt einer Maschine zur Herstellung einer der urdeutschesten Spezialitäten überhaupt: dem Baumkuchen. Bis heute hat das Madrider *Horcher* zwei Michelinsterne. In seinem amüsanten Buch »Berlin. Was nicht im Bädeker steht« von 1927 liefert der Journalist Eugen Szatmari eine sehr anschauliche Beschreibung des *Horcher*, das 1904 in Schöneberg in der Lutherstraße 21 eröffnete: »Horcher gehört zu den sehr wenigen Berliner Restaurants, die man mit den berühmtesten Gaststätten von Paris durchaus vergleichen kann. Was Ciro für Paris bedeutet, bedeutet etwa Horcher für Berlin. Ein kleines, vornehmes Restaurant, ohne Musik, wo man nicht nur gut essen kann, sondern – was in Berlin so selten ist – auch völlig individuell bedient wird. Bei Horcher stehen auf der Speisekarte keine Preise, er ist aber kaum teurer als die großen Hotels und bietet ausgezeichnete Küche. Dafür verkehrt bei ihm denn auch eine ausgewählt gute Gesellschaft. Während Peltzer ein Lokal ist, wo man vor allem zu Mittag speist, geht man zu Horcher meist abends. Dann kann man dort den früheren Minister Kühlmann sehen, Industriekapitäne aus dem Westen, berühmte Schauspieler, und es wird gewiss Leute geben, denen der Braten besser schmeckt, wenn sie sehen, dass am Nebentisch Elisabeth Bergner sitzt, oder Richard Tauber seine Austern schlürft. Auch Fritzi Massary und Pallenberg sind bei Horcher Stammgäste, ebenso wie Mia May, die als berühmte Köchin der Horcher'schen Küche sachverständige Anerkennung zollt. Hier verkehrt auch die Prinzessin von Sachsen-Altenburg, die Deutschlands schönste Perlen besitzen soll, Maler wie Arthur Kampff und Orlik, der Operettenkönig Oscar Straus, Dichter wie Werfel und Hans Heinz Evers, und viele, viele andere Leute, die in einem Restaurant weder Jazzmusik noch Charleston suchen wollen. Sie werden von Horcher alle sehr freundlich begrüßt, denn Horcher kennt alle seine Stammgäste persönlich, er kennt auch ihren Geschmack, und der Koch Poncini bekommt dann von dem Oberkellner Martius – dem einzigen Berliner Kellner, der ein eigenes Auto hat – besondere Weisungen für einen jeden Gast, denn es gibt Leute, die den Salat mit Senf angemacht haben wollen, während andere Gäste Zitrone und Zucker bevorzugen. Bei Horcher wird jedes Gericht sozusagen mit Liebe serviert.«

Zu den Spezialitäten des intimen, weniger als zehn Tische umfassenden *Horcher* zählte ein Fasan, dessen Knochen ähnlich wie die seit Jahrhunderten nummerierten Enten im weltbekannten Pariser Restaurant *La Tour d'Argent* in einer Presse ausgedrückt wurden und die Basis für eine anschließend flambierte Sauce bildeten. Wie aber kommt ein noch zur Kaiserzeit von einem badischen Weinhändler gegründetes Berliner Promi-Restaurant der Weimarer Republik in die Hauptstadt Spaniens? Es lag, wie so oft, an der »Liebe«. An der Liebe, mit der Otto Horcher, der Sohn des Gründers Gustav Horcher, auch einige Stammgäste des *Horcher* nach 1933 bewirtete. Hermann Göring und Albert Speer zum Beispiel. Seine Verbindungen zur NSDAP-Spitze trug ihm die Lizenz zur Bewirtung des Deutschen Pavillons bei der Weltausstellung 1937 in Paris ein. Bereits 1933 hatte Otto Horcher durch Zukauf des legendären Restaurants *Zu den drei Husaren* nach Wien expandiert. Nach der Kapitulation Frankreichs 1940 übernahm Otto Horcher sogar das gefeierte *Maxim's* in Paris. Sein opportunistisches Meisterstück gelang Horcher aber 1944, als er seine Nazi-Förderer bequatschte, ihn mitsamt dem ganzen Kücheninventar, den Gläsern, der Tischwäsche, dem Porzellan und dem Tafelsilber und der Baumkuchenmaschine in verplombten Eisenbahnwaggons von Berlin nach Francos Spanien ausreisen zu lassen. Wir konnten es kaum fassen: Dieser ebenso unwahrscheinliche wie spektakuläre kulinarische Exodus soll im Berlin des Jahres 1944 möglich gewesen sein? Da hätte sich doch noch den verbohrtesten Endsieggläubigen der Verstand für die wahre Lage öffnen müssen! Angeblich erteilte Hermann Göring persönlich die Genehmigung für den Umzug des *Horcher*; wir fanden für dieses Gerücht jedoch keinen Beleg.

Der Franzose Jean-Claude Bourgueil kocht seit vielen Jahren im mal mit drei, mal mit zwei Sternen bewerteten *Schiffchen* in Düsseldorf-Kaiserswerth. Er hat im *Horcher* in Madrid in den 60er-Jahren gelernt und uns damit verblüfft, dass er nach seiner Lehrzeit die Herstellung von Baumkuchen beherrschte, den wir immer für eine deutsche Angelegenheit schlechthin gehalten hatten – quasi das kulinarische Pendant zu Weihnachtsbaum, Waldsterben und Peter Wohlleben. Noch Ende der 60er-Jahre, so erzählte es uns Jean-Claude Bourgueil persönlich, konnte man im *Horcher* in Madrid ein Hakenkreuz auf der Porzellanmarke erkennen, wenn man den Platzteller umdrehte. Manches brennt sich eben für immer ein.

SCHWIMMER ODER NICHTSCHWIMMER?

Von solch bizarren historischen Kontinuitäten und Brüchen erzählt auch die extrem beliebte TV-Serie »Babylon Berlin«. Nicht erst durch den internationalen Erfolg dieser Serie, die auf den Romanen von Volker Kutscher basiert, erlebt die Ausgehkultur der 20er-Jahre ein keineswegs nur auf Berlin beschränktes

Comeback in Gestalt von »Roaring Twenties«-Kostümbällen. In den 20er-Jahren existieren in Berlin über 300 Kinos, eines von ihnen war das Theater im Delphi in der Gustav-Adolf-Straße 2 in Weißensee. Das Delphi gibt es noch heute. Für »Babylon Berlin« wurde es selbst zur Kulisse. Hier spielt eine der mitreißendsten choreografierten Szenen, die je in Deutschland gedreht wurde: einmal so tanzen wie die Bubikopf-Kokotten und Halbwelt-Dandys im *Moka Efti* zum Song »Zu Asche, zu Staub / Dem Licht geraubt / Doch noch nicht jetzt / Wunder warten bis zuletzt / Ozean der Zeit / Ewiges Gesetz / Zu Asche, zu Staub / Zu Asche / Doch noch nicht jetzt …« Gesungen hat das mit hypnotischer Melancholie die litauische Schauspielerin Severija Janušauskaitė. Extra für die Serie komponiert haben den Song Nikko Weidemann, der Schweizer Mario Kamien und Regisseur Tom Tykwer. Ein Welthit – die ganze Tragik der Weimarer Republik blitzt in ihm auf.

Wo wir die Zeitmaschine zurück in die 20er-Jahre nun schon mal in Gang gesetzt haben, statten wir doch den berühmten Künstlerlokalen und Kaffeehäusern Berlins gleich einmal einen Besuch ab. Dem für seine schwäbische Küche bekannten *Schlichter*, Luther-/Ecke Ansbacher Straße. Oder dem *Josty* am Potsdamer Platz. Der Bierstube von Änne Maenz in der Augsburger-/Ecke Joachimsthaler Straße, wo wir Ernst Lubitsch, Fritzi Massary oder Billy Wilder antreffen. Oder dem für seine Premierenfeiern bekannten *Schwanneke* in der Rankestraße 4, das der Schauspieler Viktor Schwanneke 1921 eröffnet hat und das eigentlich nach seiner Frau *Weinstube Stephanie* heißt, doch so nennen es nur Uneingeweihte. Unbedingt wollen wir natürlich auch ins *Romanische Café* mit seiner berühmten Unterteilung: in den kleinen »Schwimmerbereich«, der prominenten Gästen wie Ruth Landshoff, Bertolt Brecht, Mascha Kaléko, Erich Maria Remarque oder Alfred Döblin vorbehalten ist, und dem bedeutend größeren »Bassin für Nichtschwimmer«, in den Worten Erich Kästners der Platz für »jene Leute, die hier seit zwanzig Jahren, Tag für Tag, aufs Talent warten«. Doch wehe dem, der sich am ersten Tisch nach der Drehtür im Nichtschwimmerbereich hinsetzte, dem für Granden wie Max Slevogt, Alfred Flechtheim, Emil Orlik, Bruno Cassirer oder Max Liebermann vorbehaltenen Künstlerstammtisch. Gabriele Tergit beschreibt in ihrem Bestseller »Käsebier erobert den Kurfürstendamm« von 1931 die Atmosphäre in diesem Künstlercafé, in dem Karrieren gemacht und beendet wurden: »Das Romanische Café befindet sich gegenüber der Gedächtniskirche und besteht aus einer Schwimmer- und Nichtschwimmerabteilung. Die Schwimmer sitzen links von der Drehtür. Die Nichtschwimmer rechts. Das Romanische Café ist sehr schmutzig. Erstens ist es trotz seiner großen Fensterscheiben so angeräuchert, wie es für eine Stätte des Geistes notwendig ist, zweitens ist es schmutzig durch die Manieren seiner Bewohner, die unausgesetzt Überreste ihrer Raucherei auf den Fußboden werfen. Drittens aber durch die ungeheure Frequenz. Denn dieses Café ist eine Heimat. Ungarn, Polen, Jugoslawen, Russen, Tschechen, Slowaken, Ruthenen, Dänen, Böhmen, Österreicher, Balten, Letten, Litauer, Serben, Rumänen und die große Schar der in Berlin dem Geist geöffneten, von Osten kommenden Juden, sie alle finden dort Landsleute. Denn so ist es mit Berlin: In der Fremdenstatistik interessiert man sich hauptsächlich für die Amerikaner, aber eigentlich kommen am meisten Völker von Osten nach Berlin, eventuell ein paar Holländer und Dänen. Darauf wird weniger Wert gelegt. Aber Berlin ist 100 Kilometer von der polnischen Grenze entfernt. Berlin ist ein Vorort des Nordostens, wie Wien des Südostens. Berlin ist keine chice Hauptstadt, wie Paris oder Rom oder London, wo die Engländer und die Amerikaner, die Spanier und Franzosen hinfahren *for sightseeing*, im Frühling oder in der *season* als »Trip«. Nach Berlin kommt man vom Osten, um eine Stellung zu finden, um Musik zu machen, um zu filmen und um zu malen, Theater zu spielen, zu schreiben, Regie zu führen, zu bildhauern, um Autos zu verkaufen, Bilder, Grundstücke, Terrains, Teppiche, Antiquitäten, um Läden aufzumachen, Schuhläden, Kleiderläden, Parfümläden, um zu darben und zu studieren. Sie alle sitzen im Romanischen Café, erst im Nichtschwimmerbassin, später im Schwimmerbassin. Sie alle sprechen und schimpfen.« Die Küche im *Romanischen Café* war übrigens so berüchtigt schlecht, dass eigentlich nur Touristen auf die Idee kamen, dort irgendetwas anderes zu sich zu nehmen als zwei Eier im Glas.

Für unser Leben gern würden wir auch mal einen Abend lang im *Haus Vaterland* am Potsdamer Platz mit 8000 anderen Gästen in zwölf Themenrestaurants verbringen – eine Dimension von Eventgastronomie, die heute selbst Disneyland oder Las Vegas erblassen ließe. Zur Auswahl standen unter anderem die Wildwestbar *Arizona*, ein türkisches Café, ein Wiener Heurigenlokal, ein bayerischer Biergarten, eine japanische Teestube, eine spanische Bodega, eine italienische Osteria und das ungarische Restaurant *Czardas*. Zu den Hauptattraktionen des *Hauses Vaterland* zählten jedoch die »Rheinterrassen«, die alles an technischen Finessen aufboten, was man sich Ende der 20er-Jahre zur Unterhaltung der Gäste ausdenken konnte: Rheinromantik inklusive künstlicher Sonnenuntergänge und illuminierter Eisenbahn-, Flugzeug- und Schiffsmodelle. Vollends zum Wunder

Berlins wurden die »Rheinterrassen« jedoch mit einem pünktlich zu jeder vollen Stunde inszenierten Wolkenbruch vor der Kulisse von St. Goar nahe der Loreley. Die furchtbar unterschätzte deutsche Autorin Irmgard Keun lässt in ihrem Roman »Das kunstseidene Mädchen« von 1932 diese frühe Form der Gästebespaßung im *Haus Vaterland* ihre Ich-Erzählerin Doris in ihrem atemlosen und dabei doch herrlich verquatschten Stakkatostil beschreiben: »Und im Vaterland toll elegante Treppen wie ein Schloß mit Gräfinnen, die schreiten – und Landschaften und fremde Länder und türkisch und Wien und Lauben von Wein und die kolossale Landschaft eines Rheines mit Naturschauspielen, denn sie machen einen Donner. Und sitzen, es wird so heiß, die Decke fällt – der Wein macht uns schwer – ›ist es denn nicht schön hier und wunderbar?‹ Es ist doch schön und wunderbar, welche Stadt hat denn sowas noch, wo sich Räume an Räume reihen und die Flucht eines Palastes bilden? Die Menschen sind alle so eilig – manchmal sind alle blaß im Licht, dann sehen die Kleider von den Mädchen nicht bezahlt aus, und die Männer können sich den Wein eigentlich nicht leisten – ob denn keiner glücklich ist?« Das *Haus Vaterland* fiel 1943 nach einem Bombenangriff einem Großbrand zum Opfer. Ein kulinarischer Notbetrieb in den unversehrten Teilen des Monumentalbaus als Wehrmachtsheim und HO-Gaststätte wurde mit Unterbrechungen bis 1953 fortgeführt. Natürlich hat sich auch Volker Kutscher diesen gigantischen Vergnügungsdampfer der Weimarer Republik nicht entgehen lassen: Sein vierter Gereon-Rath-Roman »Die Akte Vaterland« von 2012 spielt größtenteils hier.

BRÖTCHEN-FLATRATE IM *ASCHINGER*

Im Berlin des Jahres 2022 boomt der Markt für Stadtführungen, die zu den In-Kneipen und Tanzlokalen von damals führen. Leider nicht im Programm enthalten: die acht Restaurants und an die 30 *Bierquellen*-Filialen von *Aschinger* am Köllnischen Markt, der Friedrichstraße, am Alexanderplatz oder am Rosenthalerplatz, am Hackeschen und am Werderschen Markt, in der Leipziger-, der Invaliden- oder der Tauentzienstraße. Nichts von dem einstigen Gastroimperium der Brüder Aschinger hat in der Berliner Gegenwart überlebt – bis auf die 1912 erbauten einstigen Großbäckereien in der Saarbrücker Straße, deren unschlagbar billige Produktionsweise den Erfolg von *Aschinger* begründete. Heute sind sie unter dem Namen *Backfabrik* ein Kreativquartier und Veranstaltungsort. In den Stehbierhallen und Restaurants von *Aschinger* konnte man in den 20ern die berühmte Erbsensuppe essen und hatte dazu noch eine Brötchen-Flatrate. Daran erinnert sich auch der Maler George Grosz, der im Januar 1933 in die USA emigrieren musste, in seiner 1946 veröffentlichten Autobiografie »Ein kleines Ja und ein großes Nein«. Die Gastrokultur im Berlin der 20er-Jahre beschrieb Grosz für seine amerikanische Leserschaft so: »Wir liebten die kleinen Eckkneipen, die man Stehbierhallen nannte. Da stand man neben dem Kohlenträger, dem Rollkutscher und dem Portier von nebenan und trank sein kleines Helles, aß seinen Rollmops und nahm hinterher noch einen ›Koks mit Pfiff‹. Das war Kartoffelschnaps mit einem Stückchen Zucker, das in Rum getaucht war. Wer phantasievoller gestimmt war, bestellte ein ›Persico mit Rosen‹ (Kornschnaps mit einem Schuß Himbeersirups) oder eine ›Grüne Minna‹ (Kartoffelschnaps mit einem Schuß grünem Pfefferminzlikörs). War man knapp an Geld, so konnte man jederzeit bei Aschinger seinen Hunger stillen: Man bestellte einen Teller Erbsensuppe, der kostete 30 Pfennig und war kein Teller, sondern eine kleine Terrine. Die Hauptsache aber war: Man konnte dazu soviel Brot und Brötchen haben, wie man wollte. War der Brotkorb auf dem Teller leer, so kam der Kellner von selbst und füllte nach; kleine Dampfbrötchen, noch warm und knusprig, ein Kümmelbrot, herrliche Salzstangen. Was in unseren Taschen verschwand, wurde nicht beanstandet, man durfte es nur nicht zu auffällig machen. Aschinger war eine wahre Wohltat für hungrige Künstler.«

Wie viele Literaturenthusiasten begeistern wir uns, je älter wir werden, immer mehr für Alfred Döblin, der seinen Stil von Buch zu Buch radikal wechselt. Sein Roman »Berlin Alexanderplatz« von 1929 ist nicht nur eine von James Joyces' »Ulysses« und John Dos Passos' »USA-Trilogie« inspirierte Geschichte über den Niedergang des Gelegenheitsarbeiters und Kleinkriminellen Franz Biberkopf im Kampf mit der Großstadt Berlin. Genau genommen liest sich Döblins Meisterwerk auch über weite Strecken wie ein Berliner Restaurant- und Kneipenführer. Franz Biberkopf frisst und säuft nach seiner Haftentlassung im Grunde ununterbrochen – denn nur so kann er sich seiner immer prekäreren Existenz versichern: »Meck und der Stumme staunten, wie Franz ganz auftaute, mit Wonne aß und trank, Eisbeine, dann Bohnen mit Einlage und eine Molle Engelhardt nach der anderen, und ihnen spendierte er [...] Und sie meckerten, schmatzten, schluckten zu dritt. Immer wieder verkündete Franz: ›Man muß sich auffüllen. Ein Mensch, der Kraft hat, muß essen. Wenn du die Plautze nicht voll hast, kannste nicht machen.‹« Wer nach solchen Ernährungsgrundsätzen lebt, muss einfach früher oder später bei *Aschinger* landen. Franz Biberkopf entwickelt bei *Aschinger* eine regelrecht sozialdarwinistische Naturphilosophie, in der auch ein kräftiger Schluck aus der Pulle von Oswald Spenglers »Der Untergang des Abendlandes« eingeflossen ist: »Aschinger hat ein großes Café und Restaurant. Wer keinen Bauch hat, kann einen kriegen, wer einen hat, kann ihn beliebig vergrößern. Die Natur läßt sich nicht betrügen! Wer glaubt, aus entwertetem Weißmehl hergestellte Brote und Backwaren durch künstliche Zusätze verbessern zu können, der täuscht sich und die Verbraucher. Die Natur hat ihre Lebensgesetze und rächt jeden Mißbrauch. Der erschütterte Gesundheitszustand fast aller Kulturvölker der Gegenwart hat seine Ursache im Genuß entwerteter und künstlich verfeinerter Nahrung. Feine Wurstwaren auch außer dem Haus, Leberwurst und Blutwurst billig.«

Auch wenn wir heute ein anderes Verhältnis und Verständnis von »feinen Wurstwaren« haben, wie sie zum Beispiel die Fleischerei *Kumpel und Keule* in der *Markthalle Neun* (S. 187) vorlebt, und weniger leichtfertig pauschale Aussagen über »Kulturvölker« treffen: Döblin stattet seinen Franz Biberkopf mit einem durchdringend scharfen Blick für die anderen Gäste im *Aschinger* aus: »Ein junger, dicker Herr mit einer Hornbrille sitzt auf einem Stuhl und verzehrt den Mittagstisch. Man sieht ihn an und stellt fest: Er hat einen dampfenden Teller mit Roulade, Soße und Kartoffel vor sich stehen und ist dabei, alles hintereinander zu verschlingen. Seine Augen wandern hin und her über den Teller, dabei nimmt ihm keiner was weg, sitzt keiner in der Nähe, er sitzt ganz allein an seinem Tisch, aber doch in Sorge, zerschneidet, drückt an seinem Futter und schiebt es sich in den Mund, rasch, eins, eins, eins, eins, und während er arbeitet, eins rin, eins raus, eins rin, eins raus, während er schneidet, quetscht und schlingt, schnüffelt, schmeckt und schluckt, betrachten seine Augen, beobachten seine Augen den immer kleineren Rest auf dem Teller, bewachen ihn rundherum wie zwei bissige Hunde und taxieren seinen Umfang. Noch eins rin, eins raus. Punkt, jetzt ist fertig, jetzt steht er auf, schlapp und dick, der Kerl hat alles glatt aufgefressen, jetzt kann er auch zahlen. Er faßt in die Brusttasche und schmatzt: ›Fräulein, was machts?‹ Dann geht der dicke Kerl raus, schnauft, macht sich hinten den Hosenbund locker, damit der Bauch gut Platz hat. Dem liegen gut drei Pfund im Magen, lauter Eßwaren.«

SODOM UND BERLIN

Diese Charakterisierung sitzt. Bis heute. Ähnliche Szenen tragen sich im Berlin der Gegenwart in zahllosen Kantinen, Metzgerimbissen oder auf günstigen Mittagstisch spezialisierten Restaurants zu – auch wenn sich zum Glück inzwischen die frischere und vor allem leichtere vegetarische oder vegane Küche durchsetzt. Der Elsässer Yvan Goll zeichnet in seinem Roman »Sodom und Berlin« von 1929 ein Bild der deutschen Hauptstadt, das bis heute stimmig ist und auch deshalb unter die Haut geht: »Berlin. Bleiche Stadt. Stadt des fahlen Zements. Stadt der eisigen Winter. In angstvollen Nächten wird sie von einer Vorstellung geplagt: Das weiße Gesicht Rosa Luxemburgs blüht wie eine tragische Seerose im Eis des Landwehrkanals. Der ewig gejagte Schatten Karl Liebknechts flieht hinter die schwarzen Büsche des Tiergartens, aus denen die wilden Augen seiner Mörder herausleuchten.« Aber »Sodom und Berlin« ist letztlich ein satirischer Roman, in dem Goll seinen Helden Odemar Müller nach Eskapaden in Paris und Italien am Ende natürlich bei *Aschinger* landen lässt: »O Freude! O Vision eines Schlaraffenlandes! Plötzlich hatte er vor sich eine der Aschinger-Bierquellen mit ihren Wurstringen, ihren Bergen von Bratheringen, ihren Seen von Mayonnaisesauce und ihren Wolken aus Schlagsahne. Das war so recht eine deutsche Landschaft. Er hatte seine Heimat wiedergefunden. In der verrauchten Stehbierhalle floss der süffige schwere Triumphator schäumend wie eine Alpenquelle.« Präzise und psychologisch detailscharf zeichnet auch der Schweizer Robert Walser in seinem grandiosen Feuilleton *Aschinger* den Futtertrog der Hauptstadt der Weimarer Republik: »Bei Aschinger gewöhnt man sich rasch einen Ess- und Trink-Vertraulichkeitston an, man spricht dort nach einiger Zeit fast nur noch wie Wassmann im Deutschen Theater. (…) Mit dem zweiten oder dritten Glas Hellem in der Faust treibt's einen dann gewöhnlich an, allerlei Beobachtungen zu machen. Man will gern recht exakt notiert haben, wie die Berliner essen. Sie stehen dabei, aber sie nehmen sich ganz nett Zeit dazu. Es ist ein Märchen, zu glauben, in Berlin haste, zische oder trabe man nur. Man versteht hier geradezu drollig, Zeit dahinfließen zu lassen, man ist eben auch Mensch. Es ist eine innige Freude, zu sehen, wie hier nach Wurstbrödchen und italienischen Salaten geangelt wird. Die Gelder werden meistens aus Westentaschen hervorgezogen, es handelt sich ja doch beinahe regelmäßig nur um einen Groschen. (…) Die Unbefriedigten finden rasch an der Bierquelle und am warmen Wurstturm Befriedigung, und die Satten springen wieder an die Geschäftsluft hinaus, gewöhnlich eine Mappe unter dem Arm, einen Brief in der Tasche, einen Auftrag im Gehirn, einen festen Plan im Schädel, eine Uhr in der offenen

Hand, die sagt, daß es jetzt Zeit ist. Im runden Turm in der Mitte des Gemaches thront eine junge Königin; es ist die Beherrscherin der Würste und des Kartoffelsalates, sie langweilt sich ein wenig in ihrer köcherlichen Umgebung. Eine feine Dame tritt ein und spießt ein Kaviarbrötchen an zwei Finger auf, sofort mache ich mich ihr bemerkbar, aber so, als ob mir das Bemerktwerden Wurst wäre. Ich habe inzwischen Zeit gefunden, mich an einem neuen Hellen festzuhalten. Die feine Frau geniert sich ein bißchen, in die Kaviarherrlichkeit hineinzubeißen, ich bilde mir natürlich sogleich ein, das sei ich und kein anderer, wegen dem sie ihrer Zubeißesinne nicht so ganz völlig mächtig wäre. Man täuscht sich so leicht und so gern. (…) Würde und Selbstbewußtsein wirken behaglich, auf mich wenigstens, und deshalb stehe ich so gern in irgendeinem von unsern Aschingerhäusern, wo die Menschen zu gleicher Zeit trinken, essen, reden und denken. Wie viele Geschäfte sind hier schon ersonnen worden! Und das Schönste ist: Man kann stundenlang am Fleck stehen, das verletzt niemanden, das findet kein einziger von all denen, die kommen und gehen, auffällig. Wer hier an der Bescheidenheit Geschmack findet, der kann auskommen, er kann leben, es hindert ihn niemand. Wer keine gar so besondere Herzlichkeit beansprucht, der darf ein Herz haben, man erlaubt ihm das.«

Berlin in den 20er-Jahren: Das war das Labor der Avantgarde, das Testgelände der Utopien, das Paradies des Partyvolks. Vicki Baum, der wir in den kommenden Jahren eine große Renaissance prophezeien, arbeitete Mitte der 20er-Jahre als berühmte Romanautorin und Redakteurin für diverse Zeitschriften im Ullstein-Haus und hielt in ihrer Autobiographie »Es war alles ganz anders« fest, was für sie als Wienerin den Charme von Berlin in der Weimarer Republik ausmachte. Bemerkenswert dabei, mit welcher soziologischen Präzision sie den Wandel der Trinkgewohnheiten in der Hauptstadt analysiert: »Berlin war so herrlich lebendig, so geladen mit einer seltsamen Elektrizität. Bars – ich hatte, bevor ich nach Berlin kam, noch keine gesehen. Schrecklich, grollten die konservativen Älteren, wir werden immer amerikanischer. Cocktails – nicht mehr der edle deutsche Wein wie früher. Früher, das bedeutete ausnahmslos: vor dem Krieg. Kostümfeste in Privatwohnungen, mit Reizkostümen, die viel Fleisch sehen ließen, und wildem Treiben. Für unsern Geschmack reichlich frei, schnoben die Tapergreise. Für uns aber war es genau die Freiheit, die wir wollten und brauchten.« Das Berlin Vicki Baums war eine Stadt mit drei Opern, 49 Theatern, über 300 Kinos, gut 80 Varietés und Kabaretts und an die 60 Tageszeitungen, die morgens, mittags und abends erschienen. Und auch wenn die Presselandschaft Berlins im Vergleich dazu heute fast ausgelaugt wirkt, weist die deutsche Hauptstadt der Gegenwart immerhin vier feste Opernhäuser auf und rund 150 Theater und Bühnen, die Konzert- und Clubkultur ist weltberühmt, und gleich fünf (!) Literaturhäuser bieten Zugang zu deutschsprachiger und internationaler Dichtung. Auch für die Stadt heute gilt: Berlin tanzt. Berlin geht aus. Berlin trinkt. Berlin isst. Berlin feiert. Und Berlin spricht über nichts so gern wie über Essen und Trinken. Wenig liest sich denn auch so amüsant wie die Restaurantkritiken „Von Tisch zu Tisch" im „Tagesspiegel", über Jahre von Susanne Kippenberger und Bernd Matthies liebevoll auf hohem Niveau gestaltet.

BERLIN IST MULTIKULINARISCH

Aber manchmal hat man den Eindruck, die ganze kulinarische Pionierarbeit der vergangenen Jahrzehnte könnte umsonst gewesen sein. Im September 2021 kündigt die Lufthansa eine kulinarische Innovation für ihre Businessclass an. Unter dem Slogan »Tasting Heimat« werden sechs deutsche Großstädte mit ihren kulinarischen Spezialitäten vorgestellt, darunter Leipzig mit einem feinen Allerlei von Spargel, Morcheln und Flusskrebsen, Düsseldorf mit einem mürben Rheinischen Sauerbraten und Frankfurt mit der legendären Grünen Soße, die schon Goethe begeisterte. Nur für die deutsche Hauptstadt bleibt mal wieder nichts als die triste unvermeidliche Currywurst ...

Armes Berlin. Nichts gegen eine gut gemachte Currywurst – wenn man aber, wie wir, oft eher der Literatur vertraut, wurde die Currywurst sowieso nicht in Berlin erfunden, sondern in Hamburg. Das schreibt jedenfalls der Schriftsteller Uwe Timm in seiner tollen Novelle »Die Entdeckung der Currywurst«. Und wenn es schon um Berlin-typisches Fast Food geht, finden wir Falafel sowieso viel leckerer. Aber die reflexartige Reduktion der Hauptstadt in den Medien auf Currywurst, Bulette oder Falafel tut der vielfältigen gastronomischen Gegenwart Berlins bitter unrecht. Und erst recht seiner nicht minder bunten kulinarischen Vergangenheit. »Berlin ist multikulinarisch!«, jubelt etwa die Schriftstellerin Tanja Dückers, die 2018 die Schokoladenmanufaktur *Preußisch süß – Berliner Stadtteilschokolade* gründete. Man kann heute nirgendwo in Deutschland so gut und so abwechslungsreich essen und trinken wie in Berlin – und dies auf jedem Niveau. Gelebte Diversität lässt sich, auch kulinarisch, nirgendwo schöner, anregender und mitunter auch anstrengender erleben als in Berlin, und zwar auch für wenig Geld. Daran hat selbst die Pandemie wenig geändert. Gefahr droht allerdings von einer lange unterschätzten Nebenwirkung von Corona: Nach Auskunft der deutschen Sternekoch-Legende Dieter Müller, der als Ideengeber das *Pots* im Ritz-Carlton verantwortet, stehen in Berlin, während wir diese Zeilen zu Papier bringen, 18 000 Stellen im Gastro- und Hotelgewerbe offen, einfach weil die bisher dort Tätigen in andere, von den Auswirkungen Coronas sicherere Gewerbe abgewandert sind – was beim Service zum Teil schon spürbar ist. Und natürlich setzt das auch Grenzen für den kreativen Spielraum.

Berlin heute ist noch ein erfreuliches »Smörgåsbord« von Küchen unterschiedlichster Menschen, Länder und Kulturen. Aufregend, unberechenbar und mitunter auch herausfordernd. Zum Beispiel im neuen Automatenrestaurant *Data Kitchen* von Heinz »Cookie« Gindullis, das die öffentlich zugängliche Kantine des Berliner »SAP-Data Space« (heißt wirklich so) ist und dank kontaktloser Bestell- und Abholmöglichkeit zum unfreiwilligen Vorreiter der neuen Pandemiegastronomie wurde. Die per Smartphone-App auf eine bestimmte Uhrzeit georderten Gerichte lassen sich an einer »Food Wall« entnehmen. Automatenrestaurants waren eine Erfindung des ausgehenden 19. Jahrhunderts, galten im Berlin der 20er-Jahre aber immer noch als der letzte Schrei. So denkt auch die uns schon aus dem *Haus Vaterland* bekannte 18-jährige Gelegenheitsprostituierte Doris aus Irmgard Keuns Roman »Das kunstseidene Mädchen«, die aus dem Rheinischen nach Berlin gekommen ist und in der Hauptstadt ihr Glück machen und »ein Glanz werden möchte«. Die meiste Zeit ist Doris aber vor allem eines – hungrig: »Ich bin in einem Automatenrestaurant in der Joachimsthaler und heißt

›Quick‹. Das ist so wahnsinnig, ich habe mir Krabben gezogen und einen westfälischen Speck – es gibt ja viele Essen, bei denen der Name von einem weiten Ort am schönsten schmeckt, weil sowas einem Deutschen immer ein Reisegefühl und was Überlegenes gibt, und ich kannte doch Männer, die wurden beim Sitzen durch ein unsichtbares Kissen unter ihrem Popo erhöht, wenn sie allein italienischen Salat bestellten – nur wegen dem italienisch. Ich konnte meine gezogenen Brote gar nicht essen – aber das ist mir das Märchen von Berlin – so ein Automat.« Irmgard Keuns den *stream of consciousness* einer jungen Frau abbildende Satzgirlanden zu lesen macht schlicht glücklich.

Genau denselben ungezügelten Appetit aufs Leben findet man bei Gabriele Tergit. Treffsicher wie in ihrer Beschreibung des *Romanischen Cafés* gibt sie einen facettenreichen Einblick in die Berliner Gastroszene der 20er und webt ein feines literarisches Beziehungsgeflecht zu »Irrungen und Wirrungen« von Theodor Fontane, dem Roman über die an den Standesgrenzen scheiternde Liebe zwischen der Schneidermansell Lene Nimbsch und Baron Botho von Rienäcker. Tergit schreibt: »Er ging an einem lichten Märzabend über den Kurfürstendamm. Der Asphalt spiegelte. Die Frühlingsbäume hatten einen hellen Schleier im Licht der Bogenlampen, aus dem Tiergarten drang die Sehnsucht der vielen Paare auf den Bänken. Vor dem Café saßen Damen in hellen neuen Kostümen, die kleinen Hüte um die kleinen Köpfe, sie saßen da und tranken aus den Röhrchen Eiskaffee und Eisschokolade. Sie waren herrlich maniküret und massiert und gesalbt und gerötet und geweißt. Lambeck roch diese Luft aus Freiheit, Frechheit und Benzin. Einbeinige saßen an der Steinterrasse des großen Hotels. Pavillon, Bar, Diele und Dachgarten, wo Lene Nimptsch wohnte und Dörrs Gärtnerei war. Irrungen, Wirrungen. Wanderschrift, Kirche und winkender Schutzmann. Autos, Autos, Weltanschauungscafés und stille Konditorei für Liebe. Kapitol in rosa, lila und rot. Kino, Café, Restaurant, d. h. Paläste, Marmor, Gloria und Königin, Sekt, elegante Kleider, Charleston und Jazz, Fraßgeschäfte mit bunten Salaten und Artischocken, Flipp und Cobler, rotes, grünes, gelbes Licht, Schlange und Krokodil, Feh und Zobel, Seide und Spitzen, lackierte Kojen, wo Schönheit fabriziert wird mit Dampf, gefetteter Hand und knisterndem elektrischen Strom für die Pelztiere, die rosa Beine, cotyfarbene Münder, suchende Portemonnaies und suchende Augen für die Herren haben, jetzt unter den Bäumen, den ausgedörrten vor winterslanger Sehnsucht nach dem Märze. Amerikanisches Restaurant, hell, freundlich, Abbild eines optimistischen Kontinents, hier etwas trinken, Strohröhrchen, Milch und Kaffee zum Beispiel, hier Frappee genannt.«

FRESSEN UND MORAL

Es herrscht ein Wechselstrom zwischen der Vergangenheit der 1920er-Jahre und unseren 20er-Jahren im 21. Jahrhundert. Eine Spannung, die uns während der Arbeit an diesem Buch und der Auseinandersetzung mit Berlins gastronomischer Gegenwart auf der Suche nach Orientierung immer wieder in diese Zeit zurückkehren ließ. Das Musical »Cabaret« von 1966 löste eine erste weltweite Nostalgiewelle nach dem Berlin der 20er-Jahre aus. Es basiert auf zwei Romanen von Christopher Isherwood, der darin die schillernde sexuelle Freizügigkeit der Stadt in den Goldenen Zwanzigern einfängt, die für die allermeisten Armen ja in Wahrheit eher die Bleiernen Zwanziger waren. Sicher lassen sich zu diesen Zwanzigern Parallelen zu heute ziehen. Aber halten sie auch Lehren für die Gegenwart bereit? Vor allem aber: Wo endet, in einer Umkehrung der berühmten Brecht'schen Formulierung, das Fressen, und wo beginnt die Moral? Eine überraschende Antwort darauf gibt Klaus Mann in seiner 1942 auf Englisch veröffentlichten Autobiografie »Der Wendepunkt«. Wir haben diesen Klaus Mann offen gestanden literarisch lange zu gering geachtet und sind erst durch die Recherchen zu diesem Buch einem faszinierend hellsichtigen und beobachtungsscharfen Zeitzeugen begegnet: »Berlin ist das Hirn, in dem die Emotionen und Intuitionen, die Sehnsüchte und Ressentiments des deutschen Volkes mit wissenschaftlicher Exaktheit und journalistischem Schmiß formuliert werden. Die Metropole kreiert nicht: Sie repräsentiert. Wenn das Berlin der Kaiserzeit die aggressive Dynamik des jungen deutschen Nationalismus säbelrasselnd zur Schau gestellt hatte, so spiegelte das Berlin der ersten Nachkriegsjahre mit demselben Eklat die apokalyptische Gemütsverfassung der besiegten Nation.

›Schaut mich nur an!‹ schmetterte die deutsche Kapitale, prahlerisch noch in der Verzweiflung. ›Ich bin Babel, die Sünderin, das Ungeheuer unter den Städten. Sodom und Gomorra zusammen waren nicht halb so verderbt, nicht halb so elend wie ich! Nur hereinspaziert, meine Herrschaften, bei mir geht es hoch her, oder vielmehr, es geht alles drunter und drüber. Das Berliner Nachtleben, Junge, Junge, sowas hat die Welt noch nicht gesehen! Früher mal hatten wir eine prima Armee; jetzt haben wir prima Perversitäten! Laster noch und noch! Kolossale Auswahl! Es tut sich was, meine Herrschaften! Das muß man gesehen haben!‹ –

Ich war noch nicht ganz siebzehn Jahre alt, als ich, 1923, zum erstenmal nach Berlin kam, zunächst nur auf eine kurze Visite. (...) Die russischen Emigranten, von denen Berlin um diese Zeit wimmelte, übten eine besondere Anziehungskraft auf mich aus. (…) Von ganz ähnlicher Art waren meine Gefühle angesichts der Prostituierten, die allabendlich mit preußischer Disziplin die Tauentzienstraße entlangmarschieren. Ich konnte keine der bunten Damen betrachten, ohne innerlich aufzuseufzen: »Armes Ding! Was für ein Leben sie führt!« Aber solche Reaktion war künstlich und konventionell; der Seufzer kam nicht von Herzen. Ehrlicher war der kleine Junge, der – von den Erwachsenen gefragt, ob er es schön finde, daß die Affa einen so großen Busen habe – mit Ernst und Präzision erwiderte: ›Schön find ich's grad nicht, aber ich seh's gern!‹ Mit den Berliner Huren ging es mir ebenso. Schön fand ich sie nicht gerade; aber es machte mir unendliches Vergnügen, ihrer grellen Prozession zuzuschauen.

(...) Die Romantik der Unterwelt war unwiderstehlich. Berlin – oder vielmehr, der Aspekt von Berlin, den ich sah und den meine Naivität für den einzig wesentlichen, einzig charakteristischen hielt – enthusiasmierte mich durch seine schamlose Verruchtheit. Berlin war *meine* Stadt! Ich wollte bleiben.«

ALLE LEUTE KÖNNEN DOCH NICHT BEI IHRER MAMA ESSEN!

Wie viele 17-jährige erstmalige Besucherinnen und Besucher von Berlin werden wohl heute von ähnlichen Gefühlen und Gedanken umgetrieben wie einst Klaus Mann? Der US-Amerikaner

Mel Gordon fängt in seinem Bildband »Sündiges Berlin« etwas von der »Verruchtheit« und erotischen Faszination des Berlins der 20er-Jahre ein. Man konnte als Lookalikes von Filmstars wie Lilian Harvey oder Marlene Dietrich zurechtgemachte »Telefonmädchen« bestellen oder Streifzüge durch die Treffpunkte der »Girlkultur« wie die »Kakadu-Bar«, die »Weiße Maus« oder die »Haller-Revue« unternehmen – so einem nicht der Sinn nach Lesbenlokalen wie dem »Café Domino« oder der »Verona-Diele« stand, Schwulenbars wie dem »Cosy Corner« oder der »Zauberflöte« oder Travestielokalen wie dem »Eldorado«.

Innerdeutsch mögen die Horrorgeschichten der dysfunktionalen Hauptstadt für eine gewisse Desillusionierung sorgen – die Wartezeit auf einen neuen Reisepass zermürbt genauso wie der Versuch, ein neues Auto anzumelden oder einen Einbürgerungsantrag zu stellen, was schon mal zwei Jahre dauern kann. Die internationale Attraktivität Berlins als Feiermetropole der Jugend und *safe haven* für Immobilienschnäppchenjäger ist aber trotz aller Bemühungen um Regulierungen für Airbnb, einen Mietendeckel und die Verstaatlichung der Wohnungskonzerne bis heute ungebrochen, und wenig deutet darauf hin, dass sich dies in absehbarer Zukunft ändert.

Das letzte Wort unserer Einleitung gebührt Kurt Tucholsky, dem Autor, der Presse und Literatur der Weimarer Republik wie kein anderer seinen Stempel aufdrückte. Tucholsky hat klarer als die meisten die Konsequenzen des Aufstiegs der Nazis erkannt. Zudem verdanken wir ihm die bis heute wahre Erkenntnis: »Der Mensch hat, neben dem Trieb der Fortpflanzung und dem zu essen und zu trinken, zwei Leidenschaften: Krach zu machen und nicht zuzuhören.« In seinem Aufsatz »Das Elend mit der Speisekarte« holt der unter seinem Pseudonym Peter Panter schreibende Tucholsky, dessen Jahre als Korrespondent in Paris seinen kulinarischen Horizont stark erweitert hatten, zur Generalabrechnung mit der deutschen Gastronomie aus. Wir haben uns immer wieder diesen vergleichsweise unbekannten Text Tucholsky angesehen und sind von seiner Analysestärke und Aktualität erstaunt und begeistert. Tucholskys gastrokritische Anmerkungen lesen sich wie von heute: »Erster Fehler: Es gibt viel zu viel Fleisch. Man braucht gar kein Lebensreformer oder Vegetarier zu sein, um das zu empfinden – jeder aufgeklärte Arzt empfiehlt dem scharf arbeitenden Menschen zum mindesten gemischte Kost. Bekommt er die in dem gewöhnlichen Restaurant? Also nicht im vegetarischen, nicht im besonders teuren, nicht in der berühmten Ausnahme, die es in jeder Stadt gibt – nein, im Restaurant Seeschlößchen? Bekommt er da eine gemischte Kost? Er bekommt sie mitnichten. Denn:

Zweiter Fehler: Die Gemüse sind nicht gut zubereitet und fast niemals frisch. Daß das Essen in den meisten Restaurants so schmeckt, als sei es abgestanden, liegt daran, daß es abgestanden ist. Die kulinarisch verderbliche Forderung des Deutschen, zwischen elf Uhr vormittags und vier Uhr nachmittags Mittag zu essen, wann es ihm paßt, hat zur Folge, daß das Essen halbfertig gemacht wird, sehr lange über Dampf steht ... und was dann herauskommt, sind diese ausgelaugten Sachen, die auf dem Teller leise vor sich hin weinen. Draußen, in der Natur, haben sie noch vor Lebensfreude und Vitamin geknallt; nun sind es armselige Gummistrünke, die schöne Namen führen, ›Blumenkohl‹ oder ›grüne Bohnen‹ – aber es sind Gummistrünke. Preisfrage: wo bleibt eigentlich das frische deutsche Gemüse –? (›Da müssen Sie mal zu meiner Mutter kommen, Herr Panter, die kocht Ihnen ein Leipziger Allerlei ...‹ – ›Liebe gnädige Frau, es ist so nett von

Ihnen … Aber alle Leute können doch nicht bei Ihrer Mama essen!‹)

Dritter Fehler: Die Portionen sind zu groß. Ich weiß schon, daß die ›Leute das verlangen‹ – aber ich weiß auch, daß es bereits eine Menge Esser gibt, die immerhin so etwas wie Eßkultur besitzen und die lieber vielerlei verschiedene Kleinigkeiten essen an Stelle dieser Enak-Speisen. Denn wenn man ein Filetsteak bestellt, dann kommt ein Trum von Fleisch und Ei und Gemüsen und gebackenem Brot und das alles mit einemmal, wie ein mit Tschinellen garnierter Paukenschlag; und wenn man ›Gulasch‹ sagt, dann kommt immerzu gar nichts wie Gulasch, eine ganze Badewanne voll, und sagt man ›Eierkuchen‹, dann kommt ein Bettvorleger … nein, die Portionen sind wirklich zu groß!

Vierter Fehler: Es gibt nicht genug Sommerspeisen und nicht genügend frisches Obst. Sich im heißen Sommer ein gedünstetes, faustgroßes Stück Fleisch in den Magen zu jagen, halte ich für eine immense Rücksichtslosigkeit gegen ebendenselben; eine Weile läßt sich das ja jeder Magen gefallen, aber eines Tages … nun, wir wollen uns nicht bange machen. Es gibt, besonders im Sommer, in den Restaurants viel zu wenig leichte Speisen – viel zu wenig gedünstetes Obst, viel zu wenig gutes, frisches Obst – denn was es gibt, das taugt meist nicht, und hier sind nun die Portionen viel zu klein: Da steht so ein kleines Kompott-Schälchen, und da liegt ein Löffelchen auf dem Tellerchen, und da liegen drei Pfläumchen … nein, die Portionen sind wirklich zu klein!

Ich habe an keiner Stelle meines Beschwerdebüchleins von den Preisen gesprochen, obgleich das ein weites Feld ist. Aber ganz abgesehen vom Geld: Selbst für Geld bekommt man fast niemals das zu essen, was man nach vernünftigen und hygienischen Ratschlägen essen sollte. Man bekommt es in Deutschland: in Familien, die wissen, was das heißt: kochen, essen, rationell leben; man bekommt es in Heimen, manchmal in Pensionen, in Vegetarierhäusern … aber man bekommt es fast niemals da, wo man es am allernötigsten braucht und erwartet: in Bahnhof-restaurants, in Hotels und in den Speisewagen, dieser untersten Stufe der deutschen bürgerlichen Ernährung. (Hier wird die Milch der guten Denkungsart sauer. Es ist aber auch zu schreck-lich!) Nun, muß das sein –? (…) Es ist ein Elend mit der Speise-karte.«

Kurt Tucholsky, der Meister des tausendgesichtigen Feuille-tons, war auch ein scharfzüngiger Gastrokritiker. Kein Wunder, schließlich war er gewohnt, über den Tellerrand hinauszublicken. Und täuschen wir uns, wenn wir spekulieren, dass Tucholsky mit besonderem Enthusiasmus den Abschied vom Quälfleisch, den Trend zur kulinarischen Regionalität, aber auch zur vegetari-schen oder veganen Küche in der Hauptstadt begleitet hätte? Sein trauriges Ende in Schweden ermahnt uns jedenfalls, die An-nehmlichkeiten des heutigen Berlin und die zahllosen Privilegi-en unserer deutschen Gegenwart nicht ganz so selbstverständlich zu nehmen.

Uns ist beim Schreiben dieses Buches klar geworden, dass es mit guten Restaurants nicht anders ist als mit guten Büchern. Wie die Literatur erzählt auch die Gastronomie immer Ge-schichten. Sosehr der Erfolg eines Restaurants an erstklassigen Produkten, tollen Köchinnen und Köchen, der Lage, freundli-chem Service, überzeugender Inneneinrichtung und angemes-senen Preisen liegt – letztlich zählt seine Geschichte.

Einige davon erzählen wir hier.

Asiatisch cool

BUDENZAUBER

Der Thaimarkt im Preußenpark

Berlinkok liegt in Wilmersdorf inmitten des 55 000 Quadratmeter großen Preußenparks. Thailand und Preußen haben sonst recht wenig miteinander zu tun – in Berlins kleinem Bangkok treffen sie aufeinander. Auf der großen Wiese im Schatten des Hochhauses der Senatsverwaltung für Stadtentwicklung und Wohnen hat sich die Stadt von ganz alleine weiterentwickelt – unbürokratisch und autonom ist die große Liegewiese seit den 90er-Jahren Schritt für Schritt zur »Thaiwiese« geworden, der größten Picknickwiese Berlins.

Wir steigen am U-Bahnhof Fehrbelliner Platz aus, laufen von dort in den Park hinein und sehen schon von Weitem die weißen, roten und blauen Schirme, bunte Pavillons, die hier täglich neu auf- und abgebaut werden und unter denen auf Campingtischen mit Wachstuchdecken das eindrucksvollste asiatische Essen Berlins gekocht wird. Auf Gasflammen und Campingkochern brodeln in den mobilen Garküchen in viel benutzten Pfannen Pad Thai und Khao Pad Muh, daneben stehen riesige Kühltaschen und Plastikkörbe mit Pilzen, Mangos, Papayas und Ingwerknollen. Es riecht nach Erdnussöl und Kaffir-Limette, nach gebackenen Bananen und Fischsauce, nach Chili, grünem und rotem Curry, Zitronengras und Basilikum, Knoblauch, Kokosmilch und Koriander.

Am Anfang waren es noch private Picknicktreffen ostasiatischer Familien, dann fingen die Ersten an, ihr Essen zu verkaufen, und im Laufe der Jahre wurde der Thaimarkt zu einem der beliebtesten Streetfood-Märkte Berlins – total illegal war er, denn genehmigt wurde der Markt erst einmal nicht. Auf dem Thaimarkt gab es weder Strom noch fließend Wasser, und die Händlerinnen und Händler zahlten keine Steuern und entrichteten keine Sozialabgaben. Offiziell war man hier also jahrelang kein Kunde, wenn man Mango mit süßem Klebreis und Kokosmilch oder den unwiderstehlichen »Som-Tam-Salat« aus Papaya, Erdnüssen, Tomaten, Karotten, Chili und Tamarindensauce kaufte, sondern man war ein Passant, der bei den thailändischen Familien »mitessen« durfte.

Mitte 2021 gab es endlich grünes Licht: Seither dürfen die Buden, organisiert vom Thailändischen Verein Berlins, ganz offiziell hier stehen. Der Atmosphäre hat das zum Glück nicht geschadet. An den Buden ist weiterhin alles selbst- und hausgemacht und jeder Stand eine kleine Welt für sich: Die Menüzettel stecken in Transparenthüllen, hinter einem der Stände sitzt ein Teenager im Rollstuhl, eine Oma tanzt zu thailändischer Musik und bereitet gleichzeitig Dumplings mit Fisch, Fleisch und Gemüse zu. Vor allem an warmen Tagen ist der Thaimarkt in Wilmersdorf weiterhin eine der romantischsten Essgelegenheiten in Berlin. Mit einer Picknickdecke und einer guten Flasche Weißwein setzen wir uns auf die Wiese und gehen immer wieder auf neue Beutezüge zu den Buden, um Köstlichkeiten anzuschleppen und uns kulinarischen Mutproben zu stellen: Das »Lod Chong dessert in coconut« zum Beispiel sieht aus wie glibberige grüne Würmer in Milch; man kann frittierte Heuschrecken oder Maden probieren, Hühnerfüße oder die Durian-Frucht, deren frisches Fleisch zwar süß schmeckt, deren Gestank jedoch viele abschreckt.

Um uns herum tanzen Herren in schlecht sitzenden Hosen zu Musik aus tragbaren Lautsprechern, Kinder rennen zwischen den Decken umher, bei Kartenspielen wird heimlich um Geld gezockt, wir könnten uns sogar die Haare schneiden oder massieren lassen. Der Preußenpark ist das Gegenteil von hip – und gerade deswegen einer der coolsten kulinarischen Orte der Stadt.

Thaimarkt im Preußenpark

Brandenburgische Straße | 10707 Berlin

Öffnungszeiten: März – Oktober | Fr – So von 10 – 20 Uhr

Anfahrt: U-Bahnhof Fehrbelliner Platz

www.thaipark.de

DAS
STEALTH-RESTAURANT

893 Ryotei

Larger than life: Diese unübersetzbare Formulierung fällt uns als Erstes ein, wenn es The Duc Ngo zu beschreiben gilt. Irgendetwas an diesem Menschen, den alle nur Duc oder »den Duc« nennen, überragt das Normalmaß. Wenig überraschend, wenn man es schafft, als 1974 in Hanoi geborenes Boatpeople-Kind aus Vietnam 1979 mit seiner Familie nach Berlin zu kommen und sich dort neu zu erfinden. In seiner Jugend will Duc erst Zehnkämpfer werden, bis er merkt, dass ihn die anderen Sportler alle um Haupteslänge überragen. Also sattelt er um auf Popstar und bringt es immerhin mit einer Boyband ins Finale einer Casting-show. So ist denn brennender Ehrgeiz, gepaart mit raubkatzen-hafter Coolness, ein Hauptcharakterzug von The Duc Ngo gewor-den. Schließlich fängt er ein Studium der Japanologie an, kellnert nebenbei und begeistert sich für die Finesse und Schnitttechni-ken der japanischen Küche. Mit Ende zwanzig eröffnet Duc 2003 mit dem *Shiro i Shiro* («Weißes Schloss») das stimmigste japa-nische Restaurant in Berlin, wo man Perlhuhn mit Morcheln und Hahnenkämmen auftischt. Doch auch wenn er in seinem kokain-weißen Gastraum in Berlin-Mitte Mick Jagger und den einen oder anderen Hollywoodstar wie Sharon Stone bewirten darf, fällt er mit seinem kulinarischen Konzept ökonomisch auf die Nase. 2006 muss er das *Shiro i Shiro* wieder schließen. Und will diese Niederlage auf keinen Fall auf sich sitzen lassen.

The Duc Ngo hat keine Kochausbildung absolviert und ist dennoch mit inzwischen 15 Restaurants der größte Innovator der Berliner Gastroszene seit Langem. Allein in der Kantstraße betreibt er sechs Lokale. Darunter das *Madame Ngo* mit vietna-mesisch-französischer Bistroküche, in der die vietnamesische Pho-Suppe im Mittelpunkt steht, das *Funky Fish*, in dem sich alles um auf der Stahlplatte gegrilltes Seafood dreht, das man sich an der großen Fischtheke aussucht, das *Kuchi* mit seinen Sushi- und California-Rolls-Spezialitäten sowie das auf koreani-sches Streetfood wie Buns oder Bunsik spezialisierte *Ngo Kim Pak*. Kein Wunder, dass der Duc in Berlin längst stadtbekannt ist. Auch im übrigen Deutschland hat sich The Duc Ngo dank kurzweiliger Auftritte in Tim Mälzers Fernsehsendung »Kit-chen Impossible« und durch seine Werbevideos für Aldi Süd als mediengewandter Küchenkreativer etabliert. Man muss das En-gagement als Aldi-Werbegesicht nicht mögen, doch wir sind überzeugt: The Duc Ngo wird hierzulande noch viel berühmter werden. Dieser Mann ist als Gastro-Entrepreneur ein Himmelsstürmer, und seine Lebensgeschichte ist einfach eine zu schöne Vom-Tellerwäscher-zum-Millionär-Geschichte, um sich nicht als Märchen vom Einwandererparadies Bundesrepublik immer wieder neu zu erzählen.

Ducs kulinarisches Credo: »Ich verstehe die Gäste.« Tatsächlich bieten all seine Restaurants einen hohen Unterhaltungswert, ein – um das Modewort zu gebrauchen – einzigartiges »Narrativ«, das zum Distinktionsgewinn taugt und mit dem man im Freundeskreis ein bisschen angeben kann. Andere Lokale mögen gutes Essen bieten. Ducs Restaurants bieten ein Erlebnis. Insbesondere gilt dies für das *893 Ryotei,* im Moment das kulinarische Flaggschiff in Ducs kleinem Gastroimperium. Das *893 Ryotei* ist eine Art Stealth-Restaurant. Ähnlich wie das *Cookies Cream* (S. 49) im dritten Hinterhof der Komischen Oper lebt es davon, dass seine weltläufigen Gäste Eingeweihte sind und sich von dem für ein Restaurant eher unwahrscheinlichen Außendekor nicht abschrecken lassen. Verborgen in einer über und über mit Graffiti bedeckten ehemaligen »Schlecker«-Drogeriemarktfiliale an der Kantstraße, sieht es von außen etwa so einladend aus wie eine ausgebrannte Tankstelle. Der Wille zur Coolness leuchtet dem *893 Ryotei* aus jedem Knopfloch. Aber es bleibt eben nicht beim bloßen Wollen und der Attitüde: Das *893 Ryotei* ist wirklich cool. Das heißt leider auch, dass man die Innenbeleuchtung so weit herabdimmt, wie man dies in den angesagtesten Szeneläden New Yorks oder in Los Angeles zu tun pflegt. Wer wirklich sehen will, was genau da auf dem Teller liegt, wird mitunter die Handytaschenlampe aktivieren müssen. Und das lohnt in der lockeren, von viel dunklem Holz geprägten Baratmosphäre des *893 Ryotei* auf jeden Fall, denn die Kombination von japanischem und peruanischem Küchenstil mit deutlicher Betonung der japanischen Seite führt zu beachtlichen Ergebnissen. Wie etwa beim kurz geflämmten Lachsfilet mit Shichimi-Ponzu-Sauce oder den Shasimi-Taquitos. Das *893 Ryotei* ist viel zu sehr elitäre soziale Bühne, um als Alltagsrestaurant zu taugen; dennoch dient es wie die *Paris Bar* (S. 112) in den 80ern einigen Hipstern von heute als zweites Wohnzimmer.

Um mit dem Tollsten anzufangen: Das Sashimi Moriawase ist definitiv das beste der Stadt. Herausragend auch das Angebot der Sushibar, wo etwa samtiger Toro-Thunfischbauch und marinierte Makrele verlocken. Nicht entgehen lassen sollte man sich, *in season*, eine besondere Köstlichkeit: die Seeigel. Aus dem im Vergleich unspektakulären Poke Bowl mit Lachs machen wir uns eher weniger, doch das peruanische Anticucho Cerdo (Schweinefilet mit roter Salsa) ist ebenso bemerkenswert wie das gloriose Ceviche 893 mit Corvina-Wolfsbarsch, Aji-Amarillo-Chili, Queller, Koriander, roter Zwiebel, Minze und Limone. Die Kombination von Aal mit Gänseleber hat in den 90ern bereits Dieter Müller in seinem legendären Amuse-bouche-Menü gewagt, aber mit Shiso und Sake als »Unagi royal« ist sie eine Variante aus eigenem Recht. Eine besondere Schwäche haben wir für die Mentaiko Spaghettini in einer Sahne-Butter-Sauce mit Kabeljaukaviar, Shiso-Kresse und Nori-Algen entwickelt, was daran liegen mag, dass wir einmal während der Anfangstage in Ducs Baden-Badener Hotelrestaurant *Moriki* im Hotel *Roomers* eine Spaghetti Carbonara mit Ramen-Nudeln, Schwarzwälder Schinken und Onzen-Ei aßen, die uns wirklich verzaubert hat. Die Sake-Karte eröffnet die schöne Möglichkeit, die Auswirkungen des Poliergrads der Reiskörner von Junmai, Junmai-

Ginjo und Junmai-Daiginjo auf den Geschmack endlich mal an konkreten Beispielen zu studieren, unter den Weißweinen begeistern insbesondere die weißen Burgunder von Joseph Drouhin.

Für Ende 2021 hatte The Duc Ngo angekündigt, erneut nach den Sternen greifen zu wollen: Im nur eine Handvoll Tische umfassenden Gastraum von *Le Duc* sollte, ebenfalls auf der Kantstraße, dezidiert *fine dining* zelebriert werden. Dieser Plan wurde wegen Corona vorerst auf Eis gelegt. Wir bleiben dennoch gespannt und erwarten vom King dieses Kiezes gewohnt Großes – *larger than life* eben.

893 Ryotei

Kantstraße 135/136 | 10625 Berlin
Öffnungszeiten: Di–Sa 18–23 Uhr
Reservierung: 030/91 70 31 21
www.893ryotei.de

Fleischlos glücklich

DER DATIV KOMMT NIEMALS
IN DEN DÖNER

Mustafas Gemüse Kebap

Warten verbinden die meisten Menschen damit, knappe Lebenszeit zu verlieren. Nicht zuletzt durch die Coronapandemie üben wir uns wieder verstärkt im Schlangestehen, vor Läden, vor Testzentren. Manche erinnert das an das Anstehen in der Mangelwirtschaft, Winston Churchill bezeichnete das Schlangestehen in krisenhaften Regimen als »Queuetopia«. Kaum jemand jedenfalls wartet gerne lange.

Seit wir aber David Foster Wallace' berühmte Commencement Speech »Das hier ist Wasser« gelesen haben, die er 2005 vor

Collegeabsolventinnen und -absolventen hielt, geht es uns beim Schlangestehen zumindest etwas besser. Der US-amerikanische Publizist und Autor, der unter Depressionen litt und sich traurigerweise 2008 das Leben genommen hat, beschreibt darin nervige Alltagssituationen, u. a. beim Autofahren und im Supermarkt, und er spricht davon, dass wir jederzeit die »Standardeinstellung« überwinden können – dass wir also entscheiden können, wie wir andere Menschen wahrnehmen und Situationen erleben.

Die Standardeinstellung ist zum Beispiel der Missmut darüber, dass man warten muss. Und die Gestaltungsfreiheit, die wir haben, liegt darin, die Situation anders zu bewerten. Man denke nur an die Momente, in denen man geradezu gerne wartet, in denen das Warten schon Teil der Veranstaltung ist. Bei der Berlinale zum Beispiel, da macht das Anstehen für Tickets zum Teil mehr Spaß als das Ansehen so mancher Filme, man muss nur ein paar Stullen und Freunde mitbringen oder mit den Leuten in der Schlange ins Gespräch kommen und am Ende stolz die Tickets hochhalten. Legendär waren auch die langen fröhlichen Warteschlangen, als das New Yorker MoMa 2004 für nur zwei Monate nach Berlin kam. Im Sommer 2021, als die Neue Nationalgalerie wiedereröffnet wurde, wickelte sich die Schlange schon wieder um das Gebäude von Mies van der Rohe – und auch da lag eher Volksfeststimmung in der Luft als angesäuerte Ungeduld. Unsere Literaturkritikerherzen lässt es natürlich am allerhöchsten hüpfen, wenn Menschen stunden- oder nächtelang vor Buchläden campieren, um morgens als Erste das neue Buch von J. K. Rowling, Michel Houellebecq oder Stephen King zu ergattern.

In Berlin gibt es ein paar Dauerschlangen, mit denen man fest rechnen kann: vor dem *Berghain*, am Hotdog-Stand bei

IKEA, auf den Bürgerämtern, eigentlich überall am Flughafen BER – und vor *Mustafas Gemüse Kebap* in Kreuzberg.

Die Warteschlange vor dem Foodtruck ist meistens sehr international, man hört Englisch, Französisch, Chinesisch, Japanisch, Spanisch, Italienisch. Die meisten Wartenden sind Traveller, manche haben auch Rucksäcke oder Trolleys dabei. Neben *Mustafas Gemüse Kebap* steht ein Hostel, die Bergmannstraße, die auch in jedem Reiseführer vorkommt, ist nicht weit, und nur wenige Meter weiter liegt *Curry 36*, auch so ein Kultladen, der behauptet, die beste Currywurst Berlins zu verkaufen. Das Pärchen aus Hongkong vor uns hat sich ein schlau-effizientes System ausgedacht: Während sie in der Schlange für den Kebap steht, holt er eine Currywurst. Bis zum Döner braucht man an manchen Tagen, wenn es sehr kalt und verregnet ist, eine halbe Stunde, bei schönerem Wetter steht man hier auch mal zwei Stunden.

In anderen Städten, z. B. in London oder New York, ist es wesentlich verbreiteter, für einen z. B. besonders guten Bagel oder einen begehrten Cronut anzustehen. Aber in Berlin laufen nach wie vor die meisten kopfschüttelnd an der episch langen Schlange vor *Mustafas Gemüse Kebap* vorbei und können es nicht fassen, dass sich jemand auf dem nicht gerade pittoresken Mehringdamm die Beine in den Bauch steht. Um einen Döner zu essen! Gerade in Berlin, wo es an jeder Ecke Döner zu kaufen gibt.

Die Fragen, die sich sofort aufdrängen, sind natürlich: Was ist das Geheimnis von *Mustafas Gemüse Kebap*? Wer ist Mustafa? Wie ist er so berühmt geworden? Und lohnt sich das lange Warten wirklich?

Das Geheimnis dieses Döners ist seine Geschichte, es ist ein außergewöhnliches Berliner Großstadtmärchen. Es beginnt wie so oft mit der Liebe – einer Liebe nicht zwischen zwei Menschen, sondern zwischen einem Mann und dem Döner. Warum hat eigentlich noch keiner einen Roman darüber geschrieben?

Zuerst einmal: Mustafa ist eine Erfindung. Damit fängt das Storytelling schon mal an. Einen Mustafa gab es gar nicht, als es losging mit dem Gemüsedöner. Es gab aber einen jungen Mann namens Tarik Kara, Berliner und echter Dönerliebhaber. Kara mag nicht nur Döner, er liebt sie. Er sagt Sätze wie »Nimm den Döner ernst« oder »Ich mach jeden Döner mit Liebe«. Für die Liebe, wenn es richtige Liebe ist, ist man bereit, weit zu gehen, und Kara ging weit. Er eröffnete eine kleine Bude und verkaufte seinen Spezialdöner, mit Hähnchenfleisch und frittiertem Gemüse, wahlweise auch vegetarisch. Und weil »Mustafa« so schön orientalisch klingt, nannte er seine Bude nicht *Tariks Gemüse Kebap*, sondern *Mustafas Gemüse Kebap*. Oft stand er zwölf Stunden am Tag hinter dem Tresen und bereitete Döner zu, jeden einzelnen mit Liebe. So erzählt er es.

Der Wendepunkt kam, als eines Tages zwei junge hungrige Werber vorbeischauten, die für ein Uniprojekt ein Unternehmen suchten, für das sie eine Werbekampagne basteln konnten. Tarik Kara mit seiner Liebe zum Döner gefiel ihnen, das Storytelling ergab sich von selbst, und dann ging es los: Sie bauten ihm eine originelle Webseite mit lustigen Slogans (»Warum?« »Dürüm!«), sie schwärmten in ihrem Bekanntenkreis vom Gemüsedöner, und sie drehten einen Kinospot, eine Persiflage auf die Werbung für »Hipp-Babynahrung«. Tarik Kara steht in diesem Werbespot auf einem Feld mit Karottenbündeln in den Armen, er sagt Sätze wie »Wenn Sie das Gemüse für Ihren Döner selbst anbauen würden, würden Sie auf Chemie verzichten« und »Das Beste aus der Natur, das Beste für den Döner«. Claus Hipp versichert am Ende der Breiwerbung: »Dafür stehe ich mit meinem Namen.« Tarik Kara sagt, vor seiner Bude stehend und genauso ernsthaft-vertrauensvoll lächelnd wie Claus Hipp: »Davor stehe ich mit meinem Namen.«

Angeblich gab es spontanen Applaus im Kino, die Schlangen vor der Bude wurden länger und länger, die Presse kam, es gab Zeitungsartikel und Fernsehbeiträge. Und heute steht *Mustafas Gemüse Kebap* in jedem Reiseführer. Claus Hipp übrigens klagte nicht, weil sein Werbespot kopiert worden war, sondern schrieb einen fröhlichen Brief: »Liebe Mustafas, (…) Wenn Ihre Döner so gut sind wie die Werbung, über die ich herzlich gelacht habe, dann komme ich bei meinem nächsten Berlin-Besuch gerne vorbei. Mit herzlichen Grüßen, Euer Claus Hipp«

Es ist eine Geschichte mit einem Happy End. Die beiden Werber führen heute eine erfolgreiche Agentur, *Mustafas Gemüse Kebap* hat einen Ableger in München, und Tarik Kara selbst muss nicht mehr hinter dem Tresen stehen, wenn er nicht will.

Aber: Wie schmeckt er denn jetzt, der gehypte Gemüsedöner?

Nach einer Stunde Wartezeit sind die Erwartungen hoch. Wir sind endlich ganz vorne angekommen, es ist ein befriedigendes Gefühl, als habe man nach großer Anstrengung etwas erreicht, der Tresen fühlt sich an wie die Ziellinie beim Marathon. Und dann endlich die Gretchenfrage eines jeden Kebapverkäufers: »Mit alles?«, fragt einer der beiden Männer. Der Dativ kommt niemals in den Döner. Dafür jede Menge frittiertes Gemüse, Knoblauch- oder Kräutersauce und Schafskäse. Entweder mit Hähnchenfleisch oder vegetarisch. »Warum lieben alle eure Döner?«, fragen wir, während einer der Männer Fleisch abschneidet und der andere Gemüse in das Fladenbrot schichtet. Die Antwort, wie erwartet: »Weil wir den Döner lieben!«

Wir setzen uns damit eine Ecke weiter vor einen Blumenladen. Das Fladenbrot ist heiß und knusprig, da sind Süßkartoffeln, Kartoffeln, Lauchzwiebeln, Zucchini, Auberginen, Salat, Karotten, Tomaten und Zwiebeln, erfreulicherweise auch ganze frittierte Knoblauchscheiben, ein Hauch von Zitrone spielt mit hinein, und obendrauf krümelt Schafskäse. Es ist ein wirklich guter Döner, den wir jederzeit wieder essen würden. Ob er jetzt wirklich der Beste ist, darum geht es schon gar nicht mehr zu diesem Zeitpunkt, denn wir sind mittlerweile bereits hoffnungslos der Story erlegen und irgendwie ein Teil davon geworden. Klar würden wir uns hier wieder anstellen! Nicht zuletzt der Liebe wegen.

Mustafas Gemüse Kebap

Mehringdamm 32 | 10961 Berlin

Öffnungszeiten: Mo–Fr 10–3 Uhr

am Wochenende 11–5 Uhr morgens

Der Gemüsedöner kostet 4,90,

der Hähnchendöner mit Gemüse 5,30 Euro

AUS NEBENSACHEN
HAUPTSACHEN MACHEN

Cookies Cream

Ein Besuch des *Cookies Cream* gleicht einem umgekehrten Geburtsvorgang. Durch endlos lange, verwinkelte Gänge führt der Weg in Düsternis mehrere Treppen empor, bis wir geblendet im Aufgang stehen bleiben, unsere Augen sich allmählich an die hellere Beleuchtung des in einem großzügigen Loft gelegenen Lokals gewöhnen und der Blick als Erstes auf ein überformatiges Gemälde mit dem Logo von American Express und der Aufschrift »Ficken« fällt. So erlebt jeder Besucher des *Cookies Cream* quasi den Moment seiner eigenen Empfängnis als Gast im Zeitraffer.

Ein solches Entree könnte auch leicht schiefgehen und in kulinarische Beklommenheit wie aus einem Monty-Python-Film münden: »Mögen Sie noch ein Minzchen?« Dass es das nicht tut, liegt an der Entspanntheit des Service, der gelassenen Weltläufigkeit der Gäste und nicht zuletzt an der bodenständigen Souveränität des Kochs Stephan Hentschel.

Die Speakeasy-Atmosphäre (ja, man muss immer noch klingeln; der Trick besteht darin, überhaupt Klingel und Tür zu finden …), der Industriechic, das lässige und doch kompetente Servicepersonal, das einen Wettstreit um die meisten Tattoos auszutragen scheint: Der Wille zum Posen ist dem Restaurant in die Wiege gelegt. Denn das *Cookies* war zwanzig Jahre lang einer der angesagtesten Clubs der Stadt, gegründet von Heinz »Cookie« Gindullis, einem gebürtigen Londoner. Der hatte in den 90ern als Tellerwäscher im israelischen Restaurant *Oren* neben der Neuen Synagoge begonnen, sich nach und nach zum Barkeeper emporgearbeitet und lud zunächst Freunde aus der Kunst- und Architekturszene immer dienstags zum Feiern ein in einen Hinterhofkeller in der Auguststraße 26 b, wo er wohnte. Bald kam auch noch der Donnerstag hinzu, denn an den Wochenenden musste Cookie als Barmann knechten. Mit dem Erfolg kam der Umzug in neue Räume im Gebäude der Komischen Oper, und bald war das *Cookies* einer jener Clubs, die Berlins Ruf als Partymetropole begründeten. Übrigens ist Gindullis als Gastrounternehmer weiterhin umtriebig: im Schwesterrestaurant *Crackers*, das Fleisch und Fisch auf der Karte hat.

Heinz Gindullis ist seit seinem achten Lebensjahr Vegetarier. Und deshalb lautete sein Wunsch an den damals 25 Jahre jungen Küchenchef Stephan Hentschel, als er 2007 im gleichen Gebäude wie sein Club ein Restaurant eröffnen wollte, dass vegetarisch gekocht werden, aber im Mittelpunkt nicht immer nur Pasta, Reis oder Tofu stehen sollte. Damit rannte er bei dem aus Sachsen stammenden Hentschel, der seine Kochausbildung im nordrhein-westfälischen Ladbergen absolviert und dann in Berlin unter anderem im *Renger Patsch* und in Michael Kempfs *Facil* (S. 214) gearbeitet hatte, offene Türen ein. Michael Kempf griff ihm denn auch mit bemerkenswerter Kollegialität in den Anfangstagen bei der Konzeption der Speisekarte ein wenig unter die Arme.

Stephan Hentschel macht aus Nebensachen Hauptsachen, ja mehr noch: Er verändert unseren Blick dafür, was Nebensachen und Hauptsachen sind. Alles eine Frage der Bewertung. Es ist noch gar nicht so lange her, da kanzelten deutsche Speisekarten Gemüse als »Beilage« ab. Vegetarisch essen hieß in der alten Bundesrepublik, eine Kombination mehr oder minder gut zusammenpassender Beilagen zu bestellen. Auch die DDR verstand unter vegetarischem Essen im Grunde »Kartoffeln mit Soße«, und selbst im wiedervereinigten Deutschland sowie in Österreich und der Schweiz ging es noch lange so zu. Im besten Fall gab es vielleicht noch eine »Gemüseplatte«, die bei genauerem Hinsehen natürlich auch aus mehreren Beilagen bestand. Da kam wenig Freude auf.

Hentschel räumte damit genauso radikal auf wie mit der Vorstellung, dass vegetarisches Essen in irgendeiner Weise ein Ersatz für etwas nicht auf dem Teller Befindliches ist, das nun in Form von Fake-Schnitzeln, -Burgern, -Buletten oder -Würsten irgendwie nachgebaut, simuliert oder sonst wie imitiert werden müsste. Sehr wohl hat er aber Zubereitungstechniken aus der Fleisch- und Fischküche übernommen. Etwa Gemüse im Salzteig zu backen, zu schmoren und zu grillen, zu beizen oder zu fermentieren. Wichtig war auch die Zusammenarbeit mit dem Gemüse- und Kräuterbauern Peter Janoth in Krielow, dessen Produkte schon in Michael Hoffmanns *Margaux* die Stars waren. Für das *Cookies Cream* baut Janoth alte Tomatensorten, Schwarzwurzeln, Topinambur, Beete in reicher Auswahl und exotische bzw. vergessene Gemüsesorten an wie etwa die Chinakeule, einen Kopfsalat mit dickem Stängel. Dass sein Chefkoch Hentschel selbst kein Vegetarier ist, darin liegt für Cookie Gindullis der Schlüssel zum Erfolg des Restaurants, das seit 2017 als erstes und bislang einziges Berliner vegetarisches Restaurant mit einem Michelin-Stern und 16 Punkten vom Gault-Millau ausgezeichnet ist.

Das Geheimnis von Stephan Hentschels Küche liegt für uns in seinen Fonds. So unglaublich dichte, ihr funkelndes Aromenspiel von abgründiger Tiefe bis kristalliner Mineralität ausstellende Saucen gibt es in keinem anderen vegetarischen Restaurant, das wir kennen – noch nicht mal im Frankfurter Seven Swans, das uns mit seiner veganen »Root-to-Leaf«-Küche begeistert. Die auf Basis dieser Fonds gekochten Saucen sorgen für den Umami-Eindruck vieler Gerichte, die Hentschel entwickelt hat: sei es in einer abgründig komplexen Rotweinjus zu gebackenen Auberginen, sei es in dichten und doch feinen Sellerie- oder Champignonessenzen, bei denen man nicht glauben mag, dass hier gar keine Kalbsknochen im Spiel waren. Hentschels Devise scheint zu lauten: »Das beste vegetarische Essen ist eines, dem man es nicht anmerkt.« Seine saisonal immer mal wieder variierten Parmesanknödel, gern mit Perigord-Trüffelsud und Sherry, Pinienkernen und Spinat, aber auch mit Artischocken und Pistazien oder einfach im Zitronensud mit Karotten serviert, sind längst zum Klassiker avanciert. Der Einsatz eines ausrangierten Plattenspielers ermöglicht Hentschel, sehr schöne Spiralmuster aufzutragen, etwa eine Sonnenblumenkerncreme zu geräuchertem Topinambur mit einer Sauce von Brunnenkresse und Senf. Sonst hat Stephan Hentschel sein inneres Spielkind erfreulicherweise streng an die Kandare genommen und verzichtet weitgehend auf den Schnickschnack der Molekularküche – wenn auch nicht ganz, wie sein vegetarischer Kaviar aus Seetang beweist, der mit Avocado, Mayonnaise und gerösteten Haselnüssen einen schönen Menüauftakt liefert. Verlockend auch das Wachtelei in der viereckigen Brioche mit einem deftigen Kartoffelschaum auf einem Bett in Portwein karamellisierter Schalotten. Unter den Hauptgerichten spektakulär ist das Blumenkohlherz mit Vadouvan, einem französischen Curry, den Hentschel mit der schon erwähnten Chinakeule kombiniert und mit Salzmandeln Crunch verleiht. Zu den Gästefavoriten zählen daneben die im Ofen gebackene Aubergine mit hauchdünnem Papadam-Crisp, Tomatencreme und grünen Bohnen sowie die stets von großer Experimentierlust bestimmte Dessertkarte. Diese pimpt Aprikosen-Safran-Eis mit Jalapeño-Popcorn, kombiniert Dulce de Leche mit Verbene-Eis, Buchweizen und eingelegten Mirabellen oder ein Süßdolden-Sorbet zu Erdbeeren mit Baiser-Crunch und Milchcreme.

Die von Beginn an gleichermaßen freundlich kalkulierte wie entdeckungsträchtige Weinkarte des *Cookies Cream* setzt verstärkt auf Biodynamik, Orange Wine und Naturwein; auch eine spannende nichtalkoholische Getränkebegleitung ist im Angebot. Überhaupt haben wir nie Stephan Hentschels Restaurant verlassen ohne eine Anregung für ein neues Produkt, ein uns bislang unbekanntes Kraut oder Gemüse oder eine neue Zubereitungsart.

Cookies Cream

Behrenstraße 55 | 10117 Berlin
Öffnungszeiten: Di – Sa 17 – 23 Uhr
Reservierung: 030/27 49 29 40
www.cookiescream.com/de

Ösi

VOM WEGLEGEN DER
VORTREFFLICHKEITSSCHABLONE

Austria

In Jeffrey Eugenides' zu Recht viel gerühmtem Roman »Middlesex« führt der Erzähler, ein amerikanischer Diplomat in Berlin, seine große Liebe Julie bei ihrem ersten Date zum Essen aus. In der deutschen Übersetzung von Eike Schönfeld liest sich die Beschreibung des Lokals so: »Dann war es soweit. Am Abend unserer Verabredung holte ich Julie in ihrem Atelier in Kreuzberg ab. Ich wollte ihre Arbeit sehen, aber sie hatte etwas dagegen. Also gingen wir essen, in ein Lokal namens *Austria*. Das *Austria* ist wie eine Jagdhütte. Die Wände sind voller präparierter Rehgeweihe, vielleicht fünfzig oder sechzig. Die Geweihe sind seltsam klein, als stammten sie von Tieren, die man mit der Hand töten könnte. Das Restaurant ist dunkel, warm, holzgemütlich. Wer es nicht mögen würde, ist jemand, den ich nicht mögen würde. (…) Ich übersetzte Julie die Speisekarte, und wir bestellten. Da kamen sie, die Platten mit gekochtem Rindfleisch, die Schüsseln mit Soße und Rotkohl, die Knödel groß wie Tennisbälle. Wir redeten über Berlin und die Unterschiede zwischen den europäischen Ländern.«

Jeffrey Eugenides hat selbst einige Jahre in Berlin gelebt, und seine Vorliebe für das *Austria* können wir gut nachvollziehen. In gewisser Weise ist dieser Österreicher, der seit 1993 am Marheinekeplatz existiert, tatsächlich so etwas wie ein Charaktertest. Es ist ein typisches Gasthaus, Inbegriff von Gemütlichkeit und kulinarischem Wohlbehagen, Produkt einer Kultur, deren Kaiser nicht in Berlin oder Potsdam residierte, sondern, »bittschön«, in Wien. Aber vergessen wir das mit dem Kaiser lieber gleich wieder ganz schnell, denn das *Austria* ist das Gegenteil von elitär aristokratisch. Blanke Holztische, keine Tischdecken, überhaupt kein Chichi, ein zutiefst demokratischer Ort: Hier findet jede und jeder einen Platz und etwas zu essen, das ihr oder ihm schmeckt, niemand wird aufgrund des Geldbeutels ausgeschlossen. Ein kleines Helles oder Dunkles kostet 3 Euro, ein 0,2-Liter-Glas Grüner Veltliner vom Weingut Kroiss am Neusiedlersee 5,50 Euro.

Auf der Karte des *Austria* findet man alles, was man aus dem Österreichurlaub kennt: klassische Mehlspeisen wie Kaiserschmarrn und Apfelstrudel natürlich, Rinder- oder Gemüsebouillon mit Frittaten oder Kaspresssspatzen, Schlutzkrapfen, einen Steirischen Zwiebelrostbraten mit Fisolen-, also Gartenbohnensalat, Backhendl, Saftgulasch und selbstverständlich auch das Wiener Schnitzel mit Preiselbeeren, Erdäpfel- und Gurkensalat, das hier in zwei Portionsgrößen und interessanterweise als Kalbsschnitzel, aber auch, genau wie im *Fihlmüller* und im *Café Anzengruber* in Wien, »vom Schwein aus der Region« angeboten wird. Die Sache mit den Preiselbeeren zum Wiener Schnitzel verteufelt die aus Wien stammende, seit Langem in Berlin lebende Autorin Eva Menasse übrigens als »Salzburger Unart« …

Berlin und das Wiener Schnitzel ist ein Kapitel für sich. Wir haben den Eindruck, in ganz Wien gibt es nicht so viele Wiener Schnitzel auf den Speisekarten wie in Berlin. Niemand konnte uns erklären, woher diese Berliner Obsession eigentlich kommt. Was ist so besonders an nicht zu dünn geschnittenen Scheiben aus dem Kalbsrücken, die gesalzen und gepfeffert werden, leicht in griffigem Mehl gewendet, anschließend ganz sacht mit Wasser benetzt und durch verquirltes Ei und Semmelbrösel gezogen und schließlich in einer Pfanne mit Butterschmalz ausgebacken – wobei man das Fett in der Pfanne durch beharrliches Schwenken so kreisen lassen muss, dass es die Panade des Schnitzels immer wieder bedeckt? Diese Küchentechnik, in Österreich »Soufflieren« genannt, bewirkt, dass durch das im heißen Fett verdampfende Wasser die Panade nicht am Schnitzel festklebt, sondern aufgeht und wellenförmige Blasen schlägt. Und genau dieser Effekt wird angestrebt. Klingt einfach, erfordert aber eine Menge Übung.

Die Panade des Wiener Schnitzels im *Austria* ist nicht immer perfekt souffliert. Darauf kommt es hier aber auch nicht an. Dies ist ein Ort, um abzuschalten. Mit einer strengen »Vortrefflichkeitsschablone«, wie Theodor Fontane das nennt, kommt man hier nicht weiter, die sollte man im *Austria* beiseitelegen und sich einfach am Guten freuen.

Austria

Bergmannstraße 10 | 10961 Berlin
Öffnungszeiten: Mo – Do 16 – 22 Uhr, Fr – So 12 – 22 Uhr
Reservierung: 030/694 44 40
www.austria-berlin.de

DAHEIM IM EXIL

Horváth

Alle Wege führen ins *Exil*.

Wenn das Licht richtig ist und ein sanfter Wind den Geruch von Blütenpollen und frisch gemähtem Grases herbeiträgt, sagen wir am Ende eines heiteren Spätsommers, an einem dieser langen Nachmittage, wo man nicht recht weiß, ob es noch Zeit für einen Espresso ist oder man schon an einen Aperitif denken darf, kann man sich hier am Landwehrkanal in Kreuzberg inmitten der zahllosen Bars, Gartenlokale und Restaurants von Herzen freuen. Die Menschengruppen an den Tischen sind bunt gemischt, heiter, schön, entspannt und hoffnungsfroh. Die Zukunft liegt offen und gestaltbar vor ihnen. Ein SPD-Kanzler regiert, eine Grüne ist Außenministerin, der Wirtschaftsminister heißt Habeck und die Regierende Bürgermeisterin der deutschen Hauptstadt Giffey … Neben Deutsch dringen Sprachfetzen von Spanisch, Italienisch, Englisch, Hebräisch, Französisch, Russisch und Tschechisch ans Ohr, dazwischen singt eine Frauenstimme auf Portugiesisch. In Momenten wie diesen wünschen wir uns manchmal, wir könnten Kurt Tucholsky wiederbeleben, mit ihm ein Weilchen hier flanieren, ein, zwei Gläser guten, nicht möpselnden Wein trinken und ihm zeigen: Siehste, es hat lange gedauert, viele Millionen sind darüber gestorben, aber am Ende ist das, zumindest hier, zumindest jetzt, doch noch eine zivilisierte

Stadt und doch noch ein demokratischer Staat geworden – gar nicht so viel schlechter als Paris und Frankreich. Im Moment jedenfalls deutlich billiger. Und – wer hätte das gedacht? – man kann hier sogar genauso gut essen. Manchmal sogar besser.

Die kulinarische Geschichte Berlins wurde von genau so einer Paris-Assoziation geprägt. An Paris denken musste vor gut 50 Jahren Michel Würthle, als er hier Anfang der 70er-Jahre am Paul-Lincke-Ufer 44a eine efeuüberwucherte Kneipe ausspähte, die wegen Gästemangels zum Verkauf stand. Würthle, der Patron der *Paris Bar* (S. 112), wohnt noch heute hochbetagt im selben Haus in der Etage über dem *Horváth* und lässt sich vom Besitzer und Chefkoch Sebastian Frank mitunter auf ein Glas und einen Bissen einladen, in das beste österreichische Restaurant der Stadt. Vom *Horváth* sprechen heißt von Geschichte sprechen. Der kulinarischen Geschichte Berlins. Sebastian Frank weiß das. So richtig klar geworden, sagt er im Gespräch nach einem fulminanten Menü, sei ihm selbst das allerdings auch erst nach Lektüre der Biografie seiner berühmten Vorgängerin Ingrid Wiener, die hier in den 70er- und 80er-Jahren im *Exil* kochte.

Kreuzberg Anfang der 70er war eine wenig beliebte Gegend. Deshalb siedelte man hier die ersten türkischen Einwanderer an. Die Mauer lag um die Ecke. Und doch steht hier am Paul-Lincke-Ufer 44a die Wiege des heutigen Berliner Gastrowunders, ja, wie uns im Verlauf der Recherche zu diesem Buch immer klarer wurde, die Wiege der modernen Berliner Stadtkultur. Joseph Beuys, der den 2021 verstorbenen Schriftsteller, Kybernetiker und Denker Oswald Wiener bewunderte und ihm eine Professur an der Düsseldorfer Kunstakademie zu verschaffen versuchte, hatte die Gründung des *Exil* möglich gemacht, indem er den Verkaufserlös einer Skulptur als Starthilfe spendete. Günter

Brus fertigte das Deckengemälde; Dieter Roth gestaltete die Tapete des Billardzimmers im hinteren Teil des Schankraums, Richard Hamilton steuerte ein Emailleschild mit seinem Vornamen für die Holzvertäfelung bei. Wahrscheinlich könnte man mit dem Erlös allein dieser Kunstwerke heute zehn oder eher hundert Kneipen einrichten.

Der Name *Exil* für das Restaurant lag nahe, waren die Wieners doch aus der österreichischen Hauptstadt geflohen, um sich vor den immer dreisteren Nachstellungen der dortigen Justiz in Sicherheit zu bringen. Ihre zusammen mit anderen Wiener Aktionisten wie Günter Brus, Malte Olschewsli, Otto Muehl und Peter Weibel an der Wiener Uni durchgeführte Performance »Kunst und Revolution« hatte im Juni 1968 die von der Boulevardpresse aufgehetzte österreichische Öffentlichkeit gereizt. Was Wunder auch – Urinieren, Einkoten, Selbstverstümmelung, Erbrechen und Masturbieren auf der Landesflagge, während man gleichzeitig die Nationalhymne singt und unverständliche Vorträge hält, das wäre auch heute noch eine Provokation und mit einem schlagartigen Zuwachs an medialer Aufmerksamkeit verbunden. »Uni-Ferkelei« nannte die lokale rechte Hetzpresse das damals. Oswald Wiener veröffentlichte ein Jahr später »die verbesserung mitteleuropas, roman«, einen der widerborstigsten, aber auch meistunterschätzten experimentellen Texte der deutschsprachigen Nachkriegsliteratur.

Eigentlich war das *Exil* weniger ein Ort, um zu essen und zu trinken, als vielmehr eine geistige Heimat. Das war schon im *Matala* so gewesen, der kurzlebigen ersten Westberliner Kneipe der Wieners in Charlottenburg. Dort hatten Ingrid und Oswald Wiener und ihr aus Paris zu ihnen gestoßener Freund Michel Würthle geübt. Eine eigene Kneipe aufzumachen war buchstäblich eine Schnapsidee gewesen: Die Wieners waren nach ihrer Ankunft in Westberlin Ende der 60er verblüfft gewesen, wie grau diese Halbstadt war. Wie deutlich die in Wien längst schon überschminkten Narben des Zweiten Weltkriegs noch zutage lagen – und dass man nirgendwo etwas für einen verwöhnten österreichischen Gaumen halbwegs Annehmbares zu essen bekam. Also sannen sie auf Abhilfe und übernahmen kurz entschlossen im September 1970 eine griechische Kneipe namens *Matala*, die direkt neben ihrem bisherigen Stammlokal lag, dem *Gasthaus Polkwitz*. Michel Würthle mimte den Kellner, Oswald, genannt Ossi, den strengen Wirt, Ingrid übernahm als Autodidaktin die Küche. Das *Matala*, darauf legte Ossi Wiener Wert, besaß die erste Gaggia-Espressomaschine der Stadt; das Essen spielte eher eine Nebenrolle, dennoch war es besser als die ewigen Buletten, Soleier und Wiener Würstchen andernorts. Ingrid Wiener ist Künstlerin, seit den 60ern entstanden zahllose Performances und Traumaquarelle, am Anfang in Zusammenarbeit mit Valie Export und Dieter Roth zahlreiche Gobelins und Videobriefe.

Am Paul-Lincke-Ufer 44a betrieben Ingrid und Oswald Wiener dann zusammen mit Michel Würthle von 1972 bis 1985 ein Restaurant, das zum Salon der Künstler und Intellektuellen der Stadt wurde. Max und Marianne Frisch, Christo und Jeanne-Claude, Joseph Beuys und Markus Lüpertz waren Stammgäste im *Exil*. Auch Dieter Roth, Martin Kippenberger, Peter Stein, Iggy Pop, Otto Sander und David Bowie, Helmut Newton, Rainer Werner Fassbinder und Quincy Jones – sowie ganze Generationen von anderen Malerinnen, Musikern, Schauspielern und Schriftstellerinnen. Es war ein kulinarisches Missionswerk, der Versuch dreier Wiener, das nach Westberlin zu hexen, was sie am meisten vermissten: ein vernünftiges Gasthaus mit weißen

Tischdecken, Stoffservietten, poliertem Besteck, ordentlichem Essen und gutem Wein.

Ingrid Wiener brachte sich selbst das Kochen bei und gewann zusehends an kulinarischem Selbstvertrauen. Hatte es in dem ersten verrückten Jahr im *Matala* eher einfache Speisen gegeben, steigerte sich Ingrid Wiener im *Exil* über die Jahre mehr und mehr: Grießnockerlnsuppe, Tafelspitz, Wiener Schnitzel, Saftgulasch waren die Klassiker der Autodidaktin am Herd, auch Rindsbraten und Knödel. Aber bald entdeckte sie ihr Herz für die feine Innereienküche und setzte ein Salonbeuschel auf die Karte, servierte auch Hirn, Leber, Herz und Niere vom Kalb oder Schwein oder auch mal Stierhoden in Aspik. Legendär war bald ihr Schweinsbraten, auch ihre Mehlspeisen wie Kaiserschmarrn, Palatschinken oder Marillenknödel. Das gute Essen, die selbst importierten Weine aus Österreich, vor allem aber die außergewöhnliche Klientel machten das *Exil* in Künstlerkreisen bald weltbekannt. Während der Berlinale war Jack Nicholson jeden Abend zu Gast; Peter O'Toole verliebte sich in die Köchin. Bis die Wieners Mitte der 80er ihr Restaurant, sein Publikum und die geteilte Stadt irgendwann satthatten und nach Kanada auswanderten. Sarah Wiener, Oswald Wieners Tochter aus seiner ersten Ehe mit der Künstlerin Lore Heuermann, hatte in der Küche des *Exil* gearbeitet, blieb in Berlin und wandelte mit ihrem Filmcatering und ihren Restaurants bald auf eigenen gastronomischen Wegen. Michel Würthle hatte 1979 zusammen mit Reinald Nohal schon die *Paris Bar* eröffnet. Andere *Exil*-Spuren führen ins *Cassambalis* (S. 195), ins *Borchardt* (S. 116), ins *Grill Royal* (S. 134) oder in das bis 1995 existierende *Fofi's* in der Fasanenstraße. Wann immer man sich mit der Geschichte der anspruchsvollen Berliner Gastronomie beschäftigt, hat man den Eindruck, das *Exil* besitzt für diese den gleichen Stellenwert wie Weimar für die deutsche Klassik. Eine Rekalibrierung der Maßstäbe. Eine Neuordnung aller Werte. Ein kulinarisches Reset. Seit dem *Exil* gibt sich ein Berliner Restaurant nicht mehr damit zufrieden, einfach gutes Essen zu servieren; seither möchte man einen geistigen Lebensraum bieten. Die Autorin und Journalistin Susanne Kippenberger, Schwester des Künstlers Martin Kippenberger und langjährige Gastrokritikerin des »Tagesspiegel«, hat 2009 über das *Exil* ein kluges Kapitel in ihrem schönen Buch »Am Tisch. Die kulinarische Bohème oder Die Entdeckung der Lebenslust« geschrieben. 2019 erschien von Carolin Würfel eine schlaue Biografie über Ingrid Wiener unter dem Titel »Ingrid Wiener und die Kunst der Befreiung«. Wenn wir einen Kinofilm drehen dürften, wir würden uns Oswald und Ingrid Wieners *Exil* als Thema wählen.

Im von den Wieners aufgegebenen *Exil* eröffnete Ende der 90er zunächst das *Cena*, ein eher unspektakuläres italienisches Restaurant, von dem heute noch ein pompeianisch anmutendes Fußbodenmosaik mit diesem Schriftzug im Eingangsbereich kündet. Danach übernahmen die Gastrounternehmer Edith Berlinger und Dietmar Schweitzer das Lokal und holten Wolfgang Müller, der fürs *Adermann* in der Oranienburger Straße einen Michelin-Stern erkocht hatte, ins neu benannte *Horváth*. Müller etablierte das *Horváth* als gehobenes Restaurant, bis sich 2009 die Wege wieder trennten. So kam der 1981 in Mödling geborene Sebastian Frank an die Stelle des Küchenchefs. Schon ein Jahr später holte er als damals jüngster Berliner Koch den ersten Michelin-Stern für das *Horváth* und übernahm das Restaurant 2014 mit seiner Partnerin Jeannine Kessler. Stern Nummer zwei folgte 2015.

Die Küche Sebastian Franks stellt Gemüse ins Zentrum. Das macht schon das Amuse zum Auftakt deutlich: ein Wassereis aus Sauerkrautsaft, neudeutsch »Slushy« genannt, dann eine Sahnereduktion mit geröstetem Mandelöl, auf die ein Schwapps Wurzelgemüsesuppe gegossen wird. Dies wird mit einem Göffel serviert, der auch beim Verzehr eines gegrillten Spitzkohlblatts mit Traubenkernöl gute Dienste leistet: Spielerei, gewiss – aber wir spielen ja gern. Sehr repräsentativ für Franks Kochstil ist sein »Sellerie reif und jung«. Knollensellerie wird in Salzteig gebacken und dann für ein Jahr im Keller gereift und dabei täglich gewendet, denn nur so dehydriert sein Wasser gleichmäßig in den Teigmantel. Der Sellerie schrumpft in der Teighülle während dieser Zeit auf das Format einer großen weißen Trüffelknolle. In der aufgebrochenen Teigschale sieht der Sellerie-Methusalem nicht nur ausgesprochen hübsch aus, sondern entfaltet auch ungeahnt intensiven Geschmack, wenn man ihn wie Parmesan über gedämpfte Selleriescheiben reibt. Angeröstete Selleriesamen und eine leicht aufgeschäumte legierte Hühnerbrühe mit Hühnersuppenfett vervollständigen einen ungewöhnlich leichten und aromenstarken Gemüseteller. Das zweite Gericht, das wir im *Horváth* heiß und innig lieben, ist die »Pilzleber« und zählt ebenfalls zu den Frank'schen Klassikern: Es sieht aus wie eine Gänseleberpraline und schmeckt auch so, besteht aber ausschließlich aus vegetarischen Zutaten. Eigentlich ist es ein Gericht aus dem traditionellen Repertoire der Molekularküche eines Ferran Adrià, der mit den Mitteln von Dekonstruktion und Rekonstruktion arbeitet. Hauptbestandteil ist eine Farce aus Kräuterseitlingen mit ein wenig Champignons, die mithilfe einer genialen Pacojet-Verarbeitung sowie der Zugabe von reichlich weißem Portwein und Madeira das Geschmacksbild, die

Textur und das Mundgefühl einer herrlich schmelzigen Gänseleber so gelungen imitiert, dass wir geschworen hätten, tierisches Protein zu essen. Der Pacojet ist die Erfindung eines Schweizer Ingenieurs aus den 80er-Jahren, die es erlaubt, tiefgefrorene Lebensmittel ohne Auftauen zu ultrafeinen, extrem cremigen Mousses zu verarbeiten. Was dem Hobbykoch der Thermomix ist, ist dem Profi der Pacojet: ein Spielzeug, aber eines, das in den richtigen Händen Wunder wirken kann. Und in den Händen von Sebastian Frank ist der Pacojet definitiv ein Zauberkessel.

Die »Pilzleber« hat inzwischen übrigens auch medialen Ruhm erworben, weil sie zu den Aufgaben gehörte, die der österreichische Haubenkoch und Thomas-Bernhard-Verehrer Sepp Schellhorn vom *Seehof* in Goldegg in einer unterhaltsamen Folge von Tim Mälzers TV-Sendung »Kitchen Impossible« nachkochen musste – und sich dabei mehr als achtbar schlug. Im aktuellen Menü von Sebastian Frank steht die Pilzleber mit selbst gebackenem Butterstriezl und Marillenkernölbutter auf der Karte. Weniger überzeugt hat uns die Kombination von gedämpftem Brokkoli mit Béchamel und geröstetem Mohnsamen, die für unsere Zungen eine Spur zu schlonzig geriet. Begeisterung löste dagegen der Teller »Pannonien« aus, auf dem Sebastian Frank und sein Team alles versammeln, was man kulinarisch mit dem ungarischen Teil der k.u.k.-Doppelmonarchie assoziiert: Fogas, Kolbász, Paprikás. Eine Tranche Zanderfilet wird im Fett der Kolbász-Salami confiert und von zwei Stückchen gedämpften Kräutersaitlingen begleitet, die durch einen Klecks Sauerrahm mit Paprika-Minz-Reduktion sowie einem sensationellen Kaltauszug von Paprikapulver, Majoran, Knoblauch, Zitrone und Cayenne in Tomatenwasser die sehr elegante Version eines typischen Gulaschgeschmacks in den Mundraum zaubern. Wir stehen eher auf Käse als auf Nachtisch und haben mit unserer Dessertmüdigkeit schon manchen Patissier in die Verzweiflung getrieben. Der Nachtisch im *Horváth* besaß bei unserem jüngsten Besuch aber eine so herausragende Qualität und Originalität, dass wir ihn bei nächster Gelegenheit nachzukochen versuchen werden. Eine Karotte wird bei hoher Temperatur fast eine Stunde lang in Butter schwarz geröstet, bis sie für den gewöhnlichen Augenschein außen ganz und gar verbrannt ist. Dabei kommt es zu einer Dehydrierung im Inneren, die an splitternde Holzkohle erinnernde Außenkruste betont die gesteigerte Süße des Karottenkerns. Entscheidend für die Brillanz dieses Dessert ist nun der kulinarische Genieblitz, diese Karotte mit einer cremigen Reduktion von Flusskrebsbisque und Sahnekaramell zu kombinieren: Zusammen mit einem gesalzten Sauerrahmeis (Fett als Geschmacksträger ist ein besonderes Steckenpferd von Sebastian Frank!) entsteht ein unvergesslicher gustatorischer Akkord. Pilzleber – Pannonien – geröstete Karotte: Auf diesen drei Säulen allein ließe sich ein kulinarisches Himmelreich errichten.

Horváth

Paul-Lincke-Ufer 44a | 10999 Berlin
Öffnungszeiten: Di – Sa ab 18.30 Uhr
Reservierung: 030/612 89 99 92
www.restaurant-horvath.de

Kaffeekultur

EIN WEITES FELD

Das Coffee Bike auf dem Tempelhofer Feld

In einem großartigen Comicstrip des Zeichnerduos Elias Hauck und Dominik Bauer, die seit vielen Jahren für die »Frankfurter Allgemeine Sonntagszeitung« unter dem Titel »Am Rande der Gesellschaft« Bildergeschichten erfinden, wird das Dilemma der Coffee-to-go-Kultur zusammengefasst: In besagtem Comicstrip bestellt ein Mann in einer Kaffeebar »Einen Coffee to go, bitte«. Man sieht ihn mit dem Becher in der Hand loslaufen, er läuft und läuft mit zunehmend unglücklichem Gesicht, und im letzten Panel sagt er schließlich: »Wenn man doch nur wüsste, wo man mit dem Kaffee immer so hingehen soll.«

Der Inhalt dieser letzten Sprechblase drückt auf grandiose Weise das tiefe Unbehagen jener aus, die es gewohnt sind, ihren Kaffee nicht laufend, sondern sitzend, am Tisch, zu sich zu nehmen. Manche bemessen sogar die Qualität eines Restaurants an der Qualität des Espressos danach. Darüber könnte man sicherlich diskutieren, doch dass Kaffeekultur und Esskultur eng miteinander verbunden sind, lässt sich wohl kaum bestreiten.

Die Coffee-to-go-Kultur ist erst in den 90er-Jahren nach Deutschland gekommen, seither hat sich der Mitnehmkaffeebecher zum Erkennungszeichen von Geschäftigkeit und Multitasking entwickelt. Er ist ein Symbol für den schnellen Schuss Koffein in einem prallen Leben, in dem wenig Zeit zum Herumsitzen ist. Weil die vielen Pappbecher aber auch für hohe Müllberge sorgen, hat sich der eigene auswaschbare Mitnehmbecher verbreitet, der praktischerweise auch gleich als neues Statement-Piece verwendbar ist: aus Bambus oder Plastik, mit Sinnspruch oder auslaufsicher. Sogar einschlägige Keramikmanufakturen wie KPM oder Villeroy und Boch haben inzwischen Coffee-to-go-Becher designt.

In Coronazeiten griffen viele Baristas zwangsläufig erneut auf die Wegwerfpappbecher zurück und waren damit dem Erfinder des Einwegbechers wieder ganz nah: Denn es waren hygienische Ambitionen, die einen Mann aus Boston namens Lawrence Lullen Anfang des 20. Jahrhunderts auf den Pappbecher brachten, auf das sogenannte Health Cup, das man nach Gebrauch wegwerfen konnte – allerdings trank man damals noch nicht Kaffee daraus, sondern das Wasser aus öffentlichen Hähnen. Vorher hatte man sorgenfrei Metallbecher geteilt, die natürlich auch für geteilte Viren und Bakterien sorgten. Vor allem in Zügen setzte sich der individuelle Trinkbehälter schnell durch. Lackawanna Railroad warb 1909 neben dem Bildnis einer eleganten Dame in Kostüm und Federhut mit folgendem Spruch: »On railroad trips / No other lips / Have touched the cup / That Phoebe sips. / Each cup of white / Makes drinking quite / A treat on Road / of Anthracite.«

»A treat on road«, Genuss unterwegs – das gilt auch schon lange für den Mitnehmkaffee, wenn man ihn nicht gerade an Tankstellen oder in günstigen Bäckereien holt. Auch an den Kaffee unterwegs darf man Ansprüche stellen, die Qualität einer kunstvollen Barista-Kreation ist heutzutage eine tragbare Angelegenheit.

Für wahre Kaffeeliebhaber wie uns ist ein guter Kaffee in der Hand eine Art situationsstimulierende Substanz, eine magische Zutat, die fast jeden Moment besser und schöner macht. Wo guter Espresso und Flat White, also der etwas stärkere Milchkaffee, getrunken werden können, wo die Kaffeekultur sprudelt, da ist auch sonst meistens Kultur.

Unser Lieblingsort für einen Coffee-to-go in Berlin ist mit weitem Abstand das Tempelhofer Feld zwischen dem Volkspark Hasenheide und dem S-Bahn-Ring im Süden. Seit einigen Jahren muss man seinen Kaffee auch nicht mehr selbst dorthin mitbringen, sondern kann ihn an einem der sogenannten *Coffee Bikes* kaufen. Diese *Coffee Bikes* gehören zu den sinnvollsten und glücklichmachendsten Erfindungen der letzten Jahre, ohne die man nicht mehr auskommen möchte, wenn man sie einmal kennengelernt hat. Ausgedacht hat sich die mobilen Barista-Stationen ein Unternehmen aus Osnabrück, mittlerweile fahren und stehen sie an vielen Orten, glücklicherweise auch auf dem Tempelhofer Feld.

Das *Coffee Bike* ist ein Gefährt auf drei Rädern mit einem schwarzen Regen- und Sonnendach, das ein Mensch alleine über das Feld an einen beliebigen Standort fahren kann. Auf dem Fahrrad, das seinen eigenen Strom und sein eigenes Wasser mitbringt, befinden sich eine professionelle Siebträgermaschine und eine eigens konzipierte Kaffeemühle, und man bekommt hier perfekten Cappuccino, Flat White und Caffè Latte. Auch eine Orangensaftpresse ist an Bord, verschiedene Teesorten, heiße Schokolade und für den Hunger zwischendurch Croissants, Muffins oder Zimtschnecken.

Egal, ob man auf dem Tempelhofer Feld bladet, joggt, läuft oder einfach nur herumsitzt, wenn der Wind an einem zaust, man viel in die Ferne geguckt und sich so richtig durchpusten lassen hat, dann sind der Anblick des altmodisch anmutenden Barista-Fahrrads auf drei Rädern mit seinem mahagonifarbenen Holztresen und die Aussicht auf ein heißes, gutes Getränk ein Segen. Auf der nördlichen Landebahn, Eingang Oderstraße, steht meistens ein *Coffee Bike,* nur bei sehr starkem Wind oder starkem Regen kommt es nicht. Oft bilden sich längere Schlangen. Die Stimmung während des Wartens ist meist fröhlich, die Biker vor einem führen Fachgespräche über Bremsklötze, Kinder schießen einem Fußbälle zwischen die Füße, die Frau hinter einem schließt lächelnd die Augen, dreht ihr Gesicht in die Sonne und bittet einen, ihr Bescheid zu sagen, wenn sie aufrücken kann. »Unser Handwerk kann man schmecken«, steht an der Seite des *Coffee Bikes.* Der Barista schäumt Kuhmilch, Hafermilch und Mandelmilch, presst mit geübten Bewegungen Espresso ins Sieb und fixiert den Filterhalter mit einer Drehbewegung in der Maschine. Das *Coffee Bike* verwendet eine Espressomischung der Sorten Arabica (70 %) und Robusta (30 %), nicht zu sauer, nicht zu nussig, die zu allen Kaffeekreationen gut passt.

So ein Kaffee an so einem Ort ist ein doppelter Glücksfall. Nirgends sonst in der Hauptstadt gibt es so viel Licht, Luft und Weite wie hier. Seit 2008 der Flugverkehr in Tempelhof eingestellt und 2010 das ehemalige Flugfeld für alle freigegeben wurde, ist die größte innerstädtische Freifläche der Welt, über 300 Hektar groß, von Sonnenaufgang bis -untergang von allen möglichen Freiheitssuchenden bevölkert. Kurzzeitig wurde das Areal auch »Tempelhofer Freiheit« genannt, doch weil sich viele dagegen aussprachen, da der Name die NS-Geschichte des Ortes verharmlose, einigte man sich auf »Tempelhofer Feld«.

Wie oft der alte Briest aus Theodor Fontanes »Effi Briest« schon mit seinem berühmten Satz vom weiten Feld im Kontext des stillgelegten Flughafens genannt wurde, bleibt ungezählt. »Das ist ein weites Feld« ist sein Leitspruch, sein Mantra, das sich durch den ganzen Roman zieht und das Fontane auch zum Schlusssatz der tragischen Geschichte gemacht hat. Effi und ihr früherer Liebhaber Major Crampas sterben, alle anderen bleiben unglücklich zurück, gebrochen und zerbrochen an der preußisch-starren Gesellschaftsordnung. Allen voran Baron von Instetten, Effis Ehemann, der so unter moralischem Druck steht, dass er nicht anders kann, als seinen Kontrahenten zum mittlerweile sinnentleerten Ritual des Duells zu fordern. Was aber den wenigsten bewusst ist: Effis Vater sagt diese berühmten Worte, zumindest am Ende des Romans, während er Kaffee trinkt. »Frau von Briest hatte mittlerweile den Kaffee eingeschenkt und sah nach dem Rondell und seinem Blumenbeet«, heißt es da.

Das Ehepaar blickt auf den Grabstein der Tochter und tauscht sich über große Fragen aus, über den Instinkt von Menschen und Kreaturen und über ihre Mitschuld am Tod der Tochter – bevor der alte Briest über seiner Kaffeetasse ebenjenen berühmten letzten Satz des Romans sprechen darf: »Ach, Luise, laß … das ist ein zu weites Feld.«

Ob sich Effi Briest Oscar Wildes Erkenntnis angeschlossen hätte: »Nach einem guten Kaffee verzeiht man sogar den Eltern«?

Kaffee soll ja bekanntermaßen den Verstand schärfen, und viele wichtige Sätze wurden und werden über Kaffeetassen und -bechern gesagt. Wir müssen jedenfalls jedes Mal an den alten Briest denken, wenn wir über das Flugfeld laufen, denn die Geschichte dieses Ortes ist auch ein weites Feld. Hier bauten die Nazis einen gigantomanischen Neubau, hier befand sich ein Konzentrationslager, das KZ Columbia, während der Berliner Blockade versorgten die Alliierten den eingeschlossenen Westteil der Stadt von hier aus mit Lebensmitteln. Lange war Tempelhof der gemütliche innerstädtische Hauptstadtflughafen, dann kamen die Schließung und die neue Nutzung. In den alten Gebäuden finden heute Modemessen statt, u. a. die »Bread & Butter«, und bis 2019 lebten Geflüchtete in sogenannten Tempohomes hinter dem früheren Flughafenterminal. Ein sehr weites Feld ist es auch, wie viele Neubauten an den Rändern entstehen dürfen, Anwohner und Naturschützer wehren sich, doch Konzepte für eine Bebauung liegen in einigen Schubladen.

Momentan jedoch ist hier noch so viel weites Feld wie nirgends sonst in Berlin. Man kann mit seinem Coffee-to-go in alle Himmelsrichtungen loslaufen, den Kopf in den Nacken legen und die vielen Drachen im Wind beobachten, manchmal muss man aufpassen, dass einem nicht eine Drachenschnur den Kaffee aus der Hand zerrt. Auch Badminton wird hier gespielt, Fußball und Basketball, man kann joggen, Radfahren und Rollerbladen. Besonders beeindruckend sind die Kitesurfer, die sich an großen, leuchtend bunten Lenkdrachen vom Wind über die Landebahn ziehen lassen. Hier können sie auf festem Boden surfen, und das mitten in der Großstadt. Für sie, die sonst über Wellen brettern, ist das Feld ein Meer.

Wer den Kaffee übrigens doch lieber als Coffee-to-sit trinken möchte, der kann das auch, auf einer der Bänke, manchmal liegen auch Heuballen herum, auf denen man toben oder sitzen kann, oder im Sommer, wenn der Boden warm ist, setzt man sich auf die Wiese oder mitten auf die asphaltierte Landebahn. Wenn man aber läuft, läuft und läuft, die Landebahn hinunter in Richtung der monumentalen Flughafengebäude, und etwas Glück hat, dann steht am anderen Ende der viereinhalb Kilometer langen ehemaligen Start- und Landebahn schon wieder das *Coffee Bike* und scheint einem entgegenzurufen: »Ich bin schon da.« Also, noch einen für den Rückweg? Wir halten es mit einem unserer Lieblingsautoren, mit Franz Kafka: »Kaffee dehydriert den Körper nicht«, soll er gesagt haben, »ich wäre sonst schon Staub.«

Coffee Bikes

Sie stehen meistens am Eingang Oderstraße
auf der nördlichen Landebahn und am Eingang
Tempelhofer Damm, allerdings nicht bei starkem
Regen oder Wind.
www.coffee-bike.com

BITTE SITZEN BLEIBEN

Café BilderBuch

Im Gastraum sitzt eine Studentin, seit zwei Stunden nippt sie an einem Ingwertee. Um sie herum stapeln sich Bücher auf der Tischplatte. Sie schreibt gerade an einer Hausarbeit über »Synthetische Färbestoffe in der Mode des 19. Jahrhunderts«. »Ich arbeite hier total gerne«, sagt sie, »es ist wie zu Hause, nur mit viel mehr Platz. Und ich komme nicht in Versuchung, mich um die Wäsche zu kümmern oder abzuwaschen. Und die Musik ist angenehm.«

Das *Café BilderBuch* in der Schöneberger Akazienstraße ist so etwas wie das größte öffentliche Wohnzimmer Berlins: 300 Quadratmeter Polster, Kissen und Büfetts, niedrige Couchtische und Bücherregale. Die Tür zum Gastraum funktioniert dabei wie eine Zeitschleuse. Wenn man eintritt, scheint man wieder ins letzte Jahrhundert einzutauchen. Hier kann man stundenlang in alten Fauteuils versinken, lesen, reden, trinken, essen, träumen. Das *Café BilderBuch* ist das Gegenteil von Mitnahmekaffee in Bechern, die Antithese zu Caféketten wie Starbucks und der Inbegriff von Kaffeehauskultur und Gemütlichkeit. Der Gast wird hier nicht als *cash cow* behandelt, die es möglichst schnell zu melken und durchzuschleusen gilt.

Gegründet wurde das Café 1997, schon damals saßen wir hier mit Freundinnen und Freunden, tranken Milchkaffee aus großen weißen Schalen und fühlten uns weltoffen und erwachsen. Und wie Eingeweihte: Denn wer nicht weiß, dass sich der größere Gastraum hinten verbirgt, bleibt erst einmal im vorderen, kleineren Teil, der zur Akazienstraße liegt. Dort sitzt man auch sehr gut unter den 50er-Jahre-Kronleuchtern, aber einem entgeht die wahre Behaglichkeitszone. Wenn man den langen Gang an der Theke und offenen Küche entlangläuft, unter einer alten Bahnhofsuhr durch, vorbei an einem bestrickend nostalgisch aussehenden Spielkartenautomaten, dann tut sich hinter einer Tür ein riesiger Raum auf, mit Bücherregalen, Podest und einem Elefantenfriedhof an verschiedenen Couchgarnituren. Bunt zusammengewürfelt stehen hier Sessel, Stühle und Sofas aus verschiedenen Epochen und Stilen. Gemustert, kariert, gestreift, mit und ohne Ohrenbacken und eher mehr als weniger durchgesessen.

Am Nachbartisch sitzt ein frisch verliebtes Paar, beide Künstler, sie sind um die 70. Sie erzählen sich ihre Lebensgeschichten, zeigen sich Fotos. »Das sind meine Berliner Urgroßeltern«, sagt er. Sie wirken wie gecasted für unseren Besuch im *Café Bilder-Buch*: Künstlertypen, aus dem letzten Jahrhundert, gelassen, altes Westberliner Intellektuellenmilieu. »Zum Charme unseres Cafés gehört es, dass hier alle Generationen vertreten sind«, sagt Melanie Wege, die bereits seit 1999 hier arbeitet, »es gibt genauso die Muttis mit Kinderwagen, deren Neugeborene auf den Sofas liegen, wie auch Jugendliche, Studierende, Liebespaare.« Auch Geschäftsleute treffen sich hier, manche schreiben ihre Doktorarbeit oder feiern ihren Geburtstag.

Aus den Lautsprechern strömt Easy Listening Jazz in den Raum, auf dem Podest steht ein schwarzer Flügel. Eine Weile gab es in den hohen Räumen mit dem rot gestrichenen Parkett jeden

Sonntag Tanztee, zurzeit nicht mehr, doch gut besucht ist das Café nach wie vor. Auf der Karte findet man Klassiker wie Senfeier mit Kartoffeln, Strammer Max oder Spaghetti Bolognese. Und ausgiebiges Frühstücken ist hier ausdrücklich erwünscht: Von neun bis 23 Uhr kann man die reichhaltigen Frühstücksplatten bestellen. Und dann ewig sitzen bleiben, immer wieder etwas naschen, Pause machen, noch einen Milchkaffee nachbestellen, sich noch ein Brot schmieren, sich zu Hause fühlen. Auch die märchenhaften Namen auf der Frühstückskarte tragen zur guten Laune bei. »Die kleine Meerjungfrau« heißt das Frühstück mit Lachs, Kaviar-Ei und Meerrettich, »Geschichten aus der Molkerei« variiert verschiedene Käsesorten, Vegetarier können »Hase & Igel« bestellen, und für Kinder gibt es »Zwerg Nase«.

Und nicht zuletzt sind da die hohen Bücherregale, die eigene Hausbibliothek. Das *Café BilderBuch* war eines der ersten Cafés in Berlin, das Tauschregale aufstellte: Jeder darf Bücher dalassen und mitnehmen, das führt zu einer wilden Mischung an Titeln und Themen. Bei unserem letzten Besuch stand Johannes Mario Simmel neben Max Frisch und Marion Zimmer Bradley, wir sahen Gegenwartsliteratur wie Nino Haratischwili, Khaled Husseini und Rita Falk und zahlreiche Bildbände – über Süditalien und türkische Teppiche, syrische Küche und Töpferkunst. Für Lesestoff ist in diesem Café also immer gesorgt, und wenn man sich festliest, bestellt man eben noch einen Kaffee oder Tee nach. »Ich will hier einfach nur sitzen«, sagt ein Ehemann in Loriots »Szenen einer Ehe«, dessen getriebene Frau ihn ständig dazu nötigt, etwas »Sinnvolles« zu tun. Hier würde er sich wohlfühlen. Auch der Spruch, der am Fenster auf einem nostalgisch bemalten Herz steht, würde ihn bestimmt ansprechen: »Der Ehestand ist ein Hühnerhaus / der eine will hinein, / der andere heraus.« Beim *Café BilderBuch* gibt es dagegen nur eine Richtung: Man will hinein, nicht hinaus. Oder um es mit einem berühmten Songtitel der Band »Wir sind Helden« zu sagen: Wer einmal hier sitzt, ist »gekommen, um zu bleiben«.

Café BilderBuch

Akazienstraße 28 | 10823 Berlin

U7 Eisenacher Straße

Öffnungszeiten: Mo–Sa 9–24 Uhr, So 10–24 Uhr

Reservierung: 030/78 70 60 57

www.cafe-bilderbuch.de

Zu den Sternen

EIN ÜBERLEBENDER

Restaurant Tim Raue

»Chaka-laka!« Tim Raue, mittelgroß, leicht untersetzt, ein habichtartig den Kopf hin und her werfendes Energiebündel, ist bei der persönlichen Begegnung zunächst mal eines: ein Sprachereignis. Dieser Mann verkörpert eine Geschichte, die in Berlin schon oft erzählt wurde. Die Geschichte von Ein-Mann-will-nach-oben. Mit zwei Michelin-Sternen und 19,5 Punkten im Gault-Millau ist der 48-jährige Tim Raue heute zweifellos ganz oben. Berlins höchstbewerteter, meistausgezeichneter Koch. Und mit neun Restaurants überdies auch ein sehr erfolgreicher

Gastrounternehmer. Manche, zum Beispiel das *La soupe populaire* in Berlin, das *Dragonfly* in Dubai oder das *Spices* im Hotel A-Rosa auf Sylt, mussten zwischenzeitlich wieder schließen. Früher wäre so was für einen Koch ein Drama gewesen. Inzwischen zählt auch das Scheitern längst zum Alltag eines deutschen Spitzengastronomen: Restaurantkonzepte gehen auf oder manchmal eben auch nicht. Hinfallen, Krönchen bzw. Toque-Mütze richten, weitergehen. Tim Raue ist immer weiter gegangen.

Auf diesem Weg war Tim Raue nicht allein: Seine Ex-Frau Marie-Anne Wild ist Mitinhaberin, Mitgeschäftsführerin und als Gastgeberin die gute Seele des *Restaurants Tim Raue*, einen Steinwurf vom Checkpoint Charlie in Kreuzberg entfernt. Nach langen Jahren haben sich auch die Wege von Tim Raue und André Macionga getrennt, Raues stets unaufdringlich souveränem Sommelier seit seinen Anfängen im *Restaurant 44* des Swissôtel am Ku'damm. Macionga kreierte in Zusammenarbeit mit Weingütern wie Markus Schneider, Horst Sauer oder Klostermühle Odernheim eigene Cuvées – ein nicht unproblematischer Schritt aufgrund des Interessenkonflikts zwischen am Verkauf interessiertem Erzeuger und dem Gast verpflichtetem Berater. Insbesondere die Champagner von Adam Mereau und Macionga (eine knochentrockene Wonne der L'Etoile de Berru – Extra Brut – Zero Dosage 2017) werden wir vermissen.

In die Rudi-Dutschke-Straße 26 fährt man am besten mit dem Fahrrad. Zwei chinesische Löwen bewachen den Eingang des Restaurants in dem rot-gelb verklinkerten und eher unspektakulären Gebäude. Die Mischung aus Lässigkeit, Etabliertheit und Gründergeist macht dieses Restaurant so repräsentativ für Berlin heute; Tim Raue ist angekommen und auf dem Weg zugleich, erfolgreich, aber nicht saturiert. Neulich ertappten wir ihn mit seinem Restaurantleiter Raphael Reichard beim Verzehr von Currywurst und Pommes am BER – was vielen in der Sternegastronomie peinlich gewesen wäre, steckten die beiden mit einer sonnigen Karlsson-vom-Dach-Souveränität weg und wirkten keine Sekunde in der Defensive. Wenn die Devise »Mir san mir« nicht schon anderweitig vergeben wäre, auf Tim Raue würde sie gut passen. Wo liegen die Wurzeln für dieses gelassene Selbstbewusstsein?

Tim Raue war als Jugendlicher eine Zeit lang Mitglied der Kreuzberger Jugendgang 36 Boys. Im Verlauf seines Aufstiegs aus prekären Verhältnissen hat er sich eine Weltläufigkeit suggerierende Sprache angeeignet, die gleichermaßen eingängig wie singulär ist. Eine Sprache, in der ein zur Vorsicht mahnendes »Uupsi-uupsi!« neben einem bildungssprachlichen »Carte blanche!« neben einem derben »Das geht mir auf den Sack!« steht, ein flapsiges »I like!« Zustimmung, ein »Das krieg ich nicht auf die Kette!« hingegen Unverständnis signalisiert, während ein häufig zur Verstärkung eingestreutes »Alter!« Nähe deutlich macht. Alles klar? »Chaka-laka!« Es ist die Sprache Tim Raues, die mindestens so sehr wie seine Kochkunst für seinen Erfolg in den Medien verantwortlich ist.

Man sollte sich von diesem Modesprech-Trommelfeuer nicht täuschen lassen. Dieser aufgekratzte pfiffige Machertyp Tim Raue ist schon seit seiner Zeit als schwer erziehbares Kind therapieerfahren und überaus reflektiert. Er weiß, woher er kommt. Er weiß, dass er dahin niemals wieder zurückwill. Und er weiß auch um die nach wie vor die deutsche Gesellschaft bestimmenden feinen Unterschiede Pierre Bourdieus': »Getrieben aus existentieller Not, dass ich tatsächlich von ganz unten in unserer Gesellschaft kam, musste ich arbeiten, um zu überleben, um mein Leben selber zu finanzieren«, so Tim Raue bemerkenswert offen im Gespräch. »Ich hatte niemanden, der mich unterstützt hat. Ich bin mit 17 von zu Hause ausgezogen und stand dann auf eigenen Beinen. Und ich habe in meiner Ausbildung als Koch schnell begriffen, dass andere deutlich talentierter waren als ich. Aber ich konnte mir sehr gut Strukturen geben. Ich komme eigentlich aus der kompletten Disziplinlosigkeit. Wenn Sie aus einer sozialen Schicht kommen, die keine Regeln für Sie aufstellt, dann halten Sie sich nicht daran, dass die Schule um acht beginnt – also jedenfalls ich habe mich nicht daran gehalten. Ein Lehrer ist dann für Sie keine Respektsperson. Ein Polizist ist kein Polizist, sondern ein Bulle. Das alles musste ich erst lernen. Eine gesellschaftliche Akzeptanz habe ich mir über Jahrzehnte erarbeitet – auch die Sprache, ich bin natürlich mit übelstem Berliner Akzent aufgewachsen. Und ich bin dann auch auf meine Herkunft reduziert worden, als ich damals einen Ausbildungsplatz gesucht habe. Ich habe mich nicht so angezogen, wie man sich anziehen sollte, wenn man zu einer Bewerbung geht. Ich sah aus wie ein Straßengangsterjunge. Auch das musste ich lernen. Aber ich war schon immer ... ich würde sagen, ein Überlebender. Ich bin jemand, der sehr, sehr schnell ist. Ich habe durch die Schwierigkeiten, die ich mit meinem Vater als Kind hatte, gelernt zu überleben. Ich bin ein extrem erfolgsorientierter und zielorientierter Mensch. Und ich schiebe alles andere beiseite ... Essen, Trinken, persönliche Kontakte, das interessiert mich alles nicht, wenn ich ein Ziel habe, wenn ich etwas umsetzen oder erreichen möchte.«

Tim Raue ist ein Mann starker Kontraste. In der Sprache, aber auch auf dem Teller. Seine Aromenwelt ist Donner und Blitz, manchmal, wenn es schiefläuft, auch Schall und Rauch.

Allerdings läuft es selten schief. Sehr selten. Und schon gar nicht bei den zeitgleich servierten acht Amuse-Gueule in blauweißen Schälchen und Schüsselchen, die den Auftakt bilden der sieben bzw. neun Gänge umfassenden, »Kolibri« und »Koi« genannten Menüs des *Restaurant Tim Raue*. Es ist, als hakte ein älterer Bruder einen unter und erkläre einem, wie viel Spaß man auf dem Rummel haben kann. Nicht umsonst ist eines der meistgebrauchten Bilder, die Tim Raue zur Beschreibung seiner Küche benutzt, das der »Achterbahnfahrt«. Ob der hauchfein aufgeschnittene Szechuan-Schweinebauch mit Chili-Nachhall, das Grapefruitfilet mit einem Klacks Timut-Pfeffer-Meringue, der exzellent fermentierte Rettich mit seinem Säurefeuerwerk, ein Marshmallow aus grünem Curry oder die Süßkartoffel auf einem Kimchi-Püree: Immer bringt Raue Schärfe, Säure, Süße in einem mutigen Aromenwirbel zusammen, der andere Küchen unterwürzt, blass und schlicht langweilig erscheinen lässt. Solche Gegensätze zu präsentieren und sie eben nicht harmonisch aufzulösen, sondern sie mitunter auch als schroff dissonantes Gegensatzpaar nebeneinander bestehen zu lassen: Das muss man sich erst mal trauen und hinkriegen.

Die Inneneinrichtung: weiße Wände und preußischblau bezogene Bänke und Sessel. Auf dem Tisch Stäbchen, aber auch edle japanische Schmiedemesser. Tim Raue schafft dieses Versöhnen von Widersprüchen mit Bravour – und nicht nur auf dem Teller. Tim Raue verlangt einerseits von seinen Gästen die höchsten Menüpreise Berlins und besitzt andererseits die Chuzpe, sie in seinem Restaurant ihre 208-Euro-Gedecke unter einem Gemälde mit unförmigen schwarzen Müllbeuteln und aufgetürmten Sperrmüll verzehren zu lassen. Tim Raue und seine frühere Ehefrau verstehen es seit Jahren, als geschiedenes Paar die Restaurants harmonisch gemeinsam zu führen. Und nicht zuletzt gelingt es Raue, die Gegensätze zwischen asiatischer und Berliner Regionalküche zu versöhnen. Nirgends spiegelt sich das deutlicher als in den beiden *signature dishes* des Menüs. Das ist zunächst der berühmte Wasabi-Kaisergranat, in Stärke eingelegt, frittiert und mit einer Wasabi-Mayonnaise serviert. Ein Gericht, das Raue 2004 im Restaurant *Jade* bei Sam Leong in Singapur kennengelernt und dann entschieden verfeinert hat: Er nimmt statt einer Garnele den feineren Kaisergranat und kontrastiert diesen statt mit frischen Früchten mit einer Thai-Vinaigrette aus Limettensaft, Fischsauce, Knoblauch und Chili. »Ich habe nie irgendetwas annähernd so Gutes kreiert wie diesen Gang von Sam Leong. Man könnte auch sagen, ich habe das Gericht verschlimmbessert, weil ich halt als Weißer sowieso alle Stilistiken miteinander vermischen kann und bei mir dann Thailändisch, Japanisch, Chinesisch zusammenkommen. Wir haben sogar vietnamesische Reisflakes hinzugefügt, die wir draufstreuen, um die Textur noch mal zu erhöhen. Das ist eigentlich so, als würden tektonische Platten sich aneinanderreiben und immer wieder gegeneinanderhauen. Dieses Gericht habe ich in meinem Leben bestimmt schon zehntausendmal, ach, wahrscheinlich schon hunderttausendmal geschickt, aber es ist immer noch jedes Mal eine große Freude.« Allerdings, dürfen wir einwenden, und hätte er es schon eine Million Mal aus der Küche an die Tische seiner Gäste geschickt: Uns ist dieser Kaisergranat mit all seiner veritablen Kombination aus Säure-Süße-Schärfe, seiner Cremigkeit und seiner Frittierter-Reis-Textur durch die Mayonnaise einfach eine klitzekleine Spur zu fettig. Wir lieben Sashimi. Wir liebten aber noch nie Mayonaise-triefende California Rolls, diese kalifornische Unart, aus der japanischen Küche einen schmierigen, das Ausgangsprodukt verhüllenden Burger zu machen. Aber das mag Idiosynkrasie und nicht weiter der Rede wert sein.

Mit seinem Wasabi-Kaisergranat, von dem Tim Raue behauptet, er spiegele ihn wider wie kein anderes Gericht, macht Raue das Exotische vertraut; mit dem Eisbein, dem zweiten *signature dish*, geht Raue genau umgekehrt vor und rückt das Vertraute ins Exotische. Das superknusprige Spanferkel-Eisbein (»nach dem Rezept von Oma Gerda Raue«, verrät die Menükarte) kontrastiert funkelnd mit japanischen Akzenten wie einem Dashi-Gelee, Püree von gelben Erbsen, japanischem Senf und eingelegtem jungen Ingwer: So transponiert man eine Regionalküche in die globale Gegenwart.

Und genau deshalb darf dieses Restaurant auch das Adjektiv »hauptstädtisch« für sich reklamieren. Nach einer Dreiviertelstunde im *Restaurant Tim Raue* in Berlin hat man mehr kulinarische Denkanstöße erhalten als nach drei Monaten Niedersachsen. Zum Beispiel durch eine mit grünem und rotem Sichuanpfeffer marinierte Taubenbrust, die ein sensationell vollmundiger Blutwurstjus umhüllt, der selbst dünn geschnittene Autoreifen schmecken ließe. Auf Raues Teller wird die exotisch gewürzte Taubenbrust aber von zwei Tupfen Kastaniencreme, Knollen-Ziest und Floregano-Kresseblüten begleitet, die den Teller trotz der keineswegs naheliegenden Blutwurstsauce zu einer »marriage made in heaven« erheben: Das passt! Vorher schon kombinierte Raue einen mit Sangohachi, einer japanischen Würzpaste aus fermentiertem Reis, marinierten und gedämpften Zander mit einem Püree von grünem Rettich und Wasabi in einer Sake-Beurre blanc, die mit ihrer von Sauerampfer und einem Minisalat von Rettich und Trauben unterstrichenen Säure alles perfekt einrahmt. Und nach der Taube war ja da noch die geschmorte Wagyu-Rinderbacke mit diversen Zwiebelvariationen und einem Essiggelee von Gegenbauer, die durch den schönen Zwiebel-Crunch in Erinnerung blieb.

Wer auf der Suche nach Reinheit ist, suche hier nicht. Tim Raue weiß, dass alle große Kunst von Beginn an aus Verunreinigung entsteht. Aus dem Aufgreifen und Integrieren fremder Elemente, die verunsichern, das Eigene infrage und manchmal auch zur Disposition stellen – und nur so ermöglichen, neue Geschichten zu erzählen. Das kann man Stilmischmasch nennen. Lasst diesen Mann bloß nicht Schule machen, mag man manchmal denken, wenn man vor einer Nocke Kaviar sitzt, die mit einer Scheibe geräucherter Schillerlocke auf Topinambur-Mousse harmoniert – wenn nicht der gelierte Sud von Kiwi und Limette dazwischengrätschte. Oder vor Raues dekonstruiertem Kopfsalat mit Petersiliendressing und fermentierter Petersilienwurzel, der Schale von Amalfi-Zitronen und Perlen von geeistem Jalapeño-Chili-Saft, der einem ob der Vielfalt von Aromen, Säuren, Crunch und Cremigkeit unwillkürlich an Kaiser Joseph II. Ermahnung an Mozart anlässlich einer Aufführung von »Die Entführung aus dem Serail« denken lässt: »Zu viele Noten!« Allerdings auch an Mozarts Erwiderung: »Gerade so viele, Eure Majestät, als nötig ist.«

Ist Tim Raue der Mozart der Berliner Gastronomie? Ganz sicher nicht – dazu ist er bei aller künstlerischen Kreativität viel zu sehr Unternehmer. Aber der Andrew Lloyd Webber der Gastroszene Berlins, ja ganz Deutschlands, einer ihrer großen Innovatoren ist Raue allemal. Ein Mann mit Ideen. Mit Rückgrat, Nehmerqualitäten und mit Durchhaltevermögen.

Restaurant Tim Raue

Rudi-Dutschke-Straße 26 | 10969 Berlin

Öffnungszeiten: Di – Sa 18.30 – 24 Uhr (Dinner)

und Fr/Sa 12 – 15 Uhr (Lunch)

Reservierung: 030/25 93 79 30

www.tim-raue.com

VON DER SOLJANKA
ZUM WUNDERLAUCH

Restaurant Rutz

»Die große Melancholie ist wie ein Kirschkern aus Blei, die mittlere wie ein trinkendes Tier, die kleine wächst wie ein Gebäude in mir.« Direkt gegenüber vom *Rutz* hängt seit September 2020 eine der aus ausgeschnittenen Zeitungsbuchstaben aufgeklebten Gedichtcollagen der Berliner Literaturnobelpreisträgerin Herta Müller an der Außenfassade des Neuen Berliner Kunstvereins. Es ist ein lange in einem nachhallendes Gedicht. Aber deplatzierter könnte diese poetische Intervention eigentlich nicht sein als hier am Anfang der durch die Ostberliner Wohnung von Wolf Biermann berühmt gewordenen Chausseestraße. Denn Berlin kennt zwar tatsächlich sehr viele Orte, die Melancholie von der Größe eines Kirschkerns aus Blei aufkommen lassen, das Restaurant *Rutz* zählt aber ganz gewiss nicht dazu.

Wir betreten das *Rutz* mit zwei Geschenkboxen des Berliner Fermentierspezialisten *Mimi Ferments* (S. 152) unterm Arm, die der gleichermaßen souveräne wie entspannte *Rutz*-Gastgeber Falco Mühlichen sofort am Signet erkennt: »Ah, Sie haben uns eine kleine Aufmerksamkeit mitgebracht – das wäre doch nicht nötig gewesen!« Das Team besitzt jedenfalls Humor. Marco Müller hat übrigens mithilfe einer Miso-Paste von Markus

Shimuzu einen sous-vide gegarten und am Schluss in Butter gebratenen Kalbstafelspitz mariniert, der typisch für Müllers Entwicklung als Küchenchef ist: mit lokalen Produkten arbeiten, aber nie stehen bleiben, keine starren Vorgaben im Kopf haben. Falco Mühlichen, ein Spinnewibb vom Typ Jan Böhmermann, erzählt auch gleich begeistert von Markus Shimizu und dessen speziell für die Küche des *Rutz* entwickelten Produkten. Ein bisschen ist es in der Kulinarik ja doch so wie im internationalen Literaturbetrieb: Ist man einige Jahre dabei, hat man den Eindruck, das Ganze sei eine Angelegenheit von nicht mehr als zwei-, dreihundert Leuten, die sich in den unterschiedlichsten Konstellationen immer wieder begegnen.

Davon zeugt auch die eher traurige Anfangsgeschichte des *Rutz*. Seinen Namen trägt es nach dem Sommelier und Gastgeber Lars Rutz. Dieser erfüllte sich im Herbst 2000, inspiriert von Reisen in die USA und nach Italien und Spanien, zusammen mit den Berliner Weinhändlern Anja und Carsten Schmidt den Traum einer eigenen Weinbar. Für die Küche zeichnete in den ersten Jahren Rolf Zacherl verantwortlich, der damals im Fernsehen aufgrund seines Sonnenscheintemperaments und seiner coolen Sprüche rasant Karriere machte. 2003 wurde Rutz als Sommelier des Jahres ausgezeichnet, erkrankte aber an schwarzem Hautkrebs und starb bereits Ende Dezember; Rolf Zacherl kündigte und widmete sich ganz seiner TV-Karriere. Im Januar 2004 kam dann Marco Müller ins *Rutz* und hat es 16 Jahre später geschafft, das Restaurant zum ersten mit drei Michelin-Sternen ausgezeichneten in Berlin zu machen.

Wie ist Marco Müller das gelungen? Seit 1966, als die ersten Michelin-Sterne in Deutschland vergeben wurden, war Westberlin kein wirklicher kulinarischer Magnet. Gut, es gab seit den

60er-Jahren das Restaurant *Le Maître* des Franzosen Henry Levy, und Siegfried Rockendorf erkochte sich 1988 sogar einmal zwei Sterne in *Rockendorfs Restaurant* j.w.d. in Waidmannslust. Doch im Großen und Ganzen galt vor dem Fall der Mauer, dass Berliner Köche wie Rockendorf, Peter Frühsammer, Franz Raneburger oder Karl Wannemacher aufgrund zu weniger zahlungskräftiger Gäste mit ausgebildetem Gaumen, fehlender qualitätsvoller Produkte aus dem Umland und mangelnder Kreativität einfach nicht in die deutsche Spitze vorstoßen konnten. Diese bildeten damals der Österreicher Eckart Witzigmann in der Münchner *Aubergine*, das *Tantris* von Heinz Winkler, ebenfalls in München, Jörg und Dieter Müller in den *Schweizer Stuben* in Wertach oder Harald Wohlfahrt in der *Schwarzwaldstube* in Baiersbronn.

Lange lag fast so etwas wie ein Fluch auf dem kulinarischen Berlin. Den Anschluss an Paris, London, Madrid oder Rom schaffte es einfach nicht – trotz aller Bemühungen von Köchen wie dem als Pionier der deutschen Gemüseküche viel zu wenig gewürdigten Michael Hoffmann im *Margaux,* Kolja Kleeberg im *VAU* oder Christian Lohse im *Fischers Fritz* am Gendarmenmarkt. Statt des erwarteten Booms in den 90er-Jahren folgten erst mal Ernüchterung und ein großes Hotel- und Restaurantsterben. Erst der Aufschwung der Gastroszene nach der Fußball-WM 2006 und das immer internationalere Publikum ließen es dann wahrscheinlicher werden, dass irgendwann auch der dritte Stern für Berlin fällig sein würde. Viele hätten diesen eher bei Michael Kempf im *Facil* vermutet, auch bei Hendrik Otto, der seit 2010 das *Lorenz Adlon Esszimmer* verantwortet, Sebastian Franck im *Horváth* (S. 58) oder nicht zuletzt bei Tim Raue. Aber kein anderer Berliner Koch hat eine so spektakuläre Entwicklung durchlaufen wie Marco Müller. Und wahrscheinlich hat auch keiner solche Widerstände dabei überwinden müssen.

Das fängt schon damit an, dass der 1970 in Babelsberg geborene Müller in Ostdeutschland aufwuchs und keineswegs freiwillig Koch wurde: Eigentlich wollte er Bildhauer werden, musste sich aber als offen gegen die SED-Diktatur rebellierender Punk in der Endphase des Honecker-Staats Abitur und Studium abschminken. Weil der junge Marco zu Hause gern kochte, Pilze sammelte und einen Angelschein hatte, verdonnerte ihn die Familie stattdessen zu einer Kochlehre in der HO *Ufergaststätte* in Potsdam. Von Soljanka, Wurstgulasch und Steak au four erlöste Müller die Wende. Bald kochte er im *Kempinskigrill* und im *Zum Hugenotten* im Hotel InterContinental, dann im *Grand Slam* im Grunewald unter Johannes King. Schließlich wechselte Müller als 1997 als Souschef ins *Imperial* des Schlosshotels Bühlerhöhe bei Baden-Baden.

Früher war das *Rutz* zweigeteilt: unten die legere Weinbar, wo unter dem selbstbewussten Motto »Die Rettung der deutschen Esskultur« bodenständige deutsche Klassiker wie Kutteln, Blutwurst oder Eisbein zu ihrem Recht kamen, oben das in hellen Holztönen gehaltene Sternerestaurant. Seit Marco Müller mit dem *Zollhaus Rutz* am Landwehrkanal in Kreuzberg expandiert hat, bespielt das Restaurant auch die untere Etage in der Chausseestraße. Den Gastraum dominieren nach wie vor Hunderte Weinflaschen in allen Größen von der »Jeroboam« genannten Doppelmagnum bis zur 30-Liter-Melchisedek und riesige begehbare Weinschränke. Uns erwartet dort das Menü »Natur & Aromen«, das auf der Speisekarte mit den Sätzen angekündigt wird: »Es steht immer ein erster Gedanke hinter jedem Gericht, eine Inspiration wird zu einer ausgefallenen Idee.

(…) Landwirte, Gemüsebauern, Jäger & Sammler sind unsere Pfeiler, und somit steht Qualität für uns im *Rutz* immer an erster Stelle. Erleben Sie eine leichte und ausgewogene Küche, die nicht auf Luxus setzt, sondern auf Kontraste, Gemüse und ausdrucksstarke Fonds.« Das sollte nicht zu viel versprechen.

Ein origineller Aperitif steht am Anfang, ein klassischer *palate cleaner*: Birkenwasser mit Lärchennadelextrakt, Sauerklee und Tomate, serviert in einem japanisch schlichten grauen Becher auf Kies mit einigen filigranen getrockneten Kornähren. Das erste Amuse-Gueule lässt Hoffnung wachsen: ein aufregendes Salzwiesenlammtartar mit streifig geschnittenem Kopfsalat, Bärlauchemulsion und lila Kleeblüten auf einem dunklen Gemüsechip. Dann ein wohl vom Chawanmushi, der japanischen Variante eines Eierstichs, inspirierter Schaum von Rauchaalgarum mit Staub von Oxalisklee, darunter eine aufregende Schicht von gegrillten Erbsen, Estragon, fermentierter Rübe und Sauerteigcroutons und am Boden der Schale ein gestocktes Landei, das Ganze serviert auf duftendem Heu. Schließlich der Beginn des Menüs: »Kiefer Kaisergranat & Salzwiesenkräuter, Holzkohle.« Der Kaisergranat als Carpaccio liegt unter grünen Streifen im Vakuum gegarter Gurke sowie einem Salat mit Blüten und Queller. Reizvoll kontrastierend dazu ein Sößchen aus Kiefernnadelöl und ein Sud von roten Zwiebeln, dazu ein Eis von Sourcream, das mit Holzkohle aromatisiert wurde. Mit lange am Gaumen verharrender Raffinesse ein idealer Begleiter dazu: einen Meursault Éclat de Calcaire 2018 von Pierre Girardin. Dem Brot wird im *Rutz* viel Aufmerksamkeit geschenkt. Eine selbst geschlagene Rohmilchbutter, eine mit roter Aufschrift *Rutz* servierte Anis-Fenchel-Butter sowie eine aufgeschlagene Salzbutter, dazu ein ofenwarmer Laib von wirklich rühmenswertem Sauerteig. Auch stimmig, aber im Vergleich zu diesem Sensationsbrot weniger zwingend erschien uns das ausgewählte Blutwurstbrötchen.

Der Service beherrscht die Kunst, die relativ ausführliche Beschreibung der einzelnen Gänge auf die Neugier der Gäste abzustimmen: Wer kulinarische Belehrung sucht, ist hier eher an der richtigen Adresse als des Reflektierens Müde. Nancy Großmann, vom Gault-Millau zur »Sommelière des Jahres 2021« gekürt, kann für ihre Weinbegleitungen auf die Tiefe eines Weinkellers zurückgreifen, der in Berlin seinesgleichen sucht – was immer wieder zu spektakulären Pairings führt.

Dann das erste Highlight. Müller dekliniert die Kartoffel durch – Kartoffel gebrüht, gebacken und verbrannt auf Gelbschwanzmakrele & Kaviar: ein Hammergericht! Dazu ein 2002er Riesling Spätlese trocken von J. B. Becker aus dem Rheingau. Immer wieder fällt als Hauptcharakteristikum von Müllers Küche die Reduktion auf: Jede Komponente auf dem Teller ergibt kulinarischen Sinn, alles Zuviel ist ausgemerzt, jede Zutat entfaltet eine neue Tiefendimension. So auch bei der mit rosafarbenem Forellenkaviar, geeisten Korianderperlen und Stangensellerie zu einem wahren Kunstwerk dekorierten Quellforelle. Angeflämmte Selleriestreifen und frittierte Chips aus der Forellenhaut verleihen ihr den nötigen Crunch. Angegossen wird eine Petersiliensauce, die mit ihrer Buttermilchfrische wundersam mit dem glasigen Fisch harmoniert. Auch der Folgegang untermauert Marco Müllers Stärke, mit an sich unscheinbaren Zutaten Spektakuläres zu schaffen: »Kalb, karamellisierte Zwiebel & Wunderlauch« heißt der Gang, zu dem Nancy Großmann einen schön gereiften 2008er Riesling Kartäuserhof Spätlese trocken von der Mosel serviert. »Wunderlauch« ist eine Berliner Spezialität und wie gemacht für Marco Müllers Küche, die ja auf die Verfeinerung des Lokalen setzt. Lange hielt sich das Gerücht, der wild in den Wäldern um Berlin wachsende »Wunderlauch«, auch »Russenlauch« genannt, sei eine Hinterlassenschaft der sowjetischen Besatzungssoldaten. Tatsächlich ist der Berliner Wunderlauch in jedem Frühjahr die erste essbare Grünpflanze, die sich leicht sammeln lässt, weil er in Gruppen wächst. Wunderlauch, *Allium paradoxum,* ist ein enger Verwandter des Bärlauchs, etwas feiner im Geschmack und nie so penetrant, wie dieser mitunter ausfallen kann; die mehrjährige Pflanze stammt aus dem Kaukasus, wurde aber bereits im 19. Jahrhundert im Botanischen Garten in Berlin angesiedelt und hat sich von dort aus bis ins Umland Berlins ausgewildert. Auf dem Teller präsentiert sie sich in einem Eigelbschaum, eine Spielart von Sabayon, schmelziges Kalbsbries auf einem Zwiebelnest mit Speckstreifen – beides in Produktqualitäten, wie man sie nur in langjähriger Zusammenarbeit mit den Erzeugern erreicht. Es folgt eine auf zwei Tellern servierte »Kindheitserinnerung Bohne/Kraut & Schwein«, die so in unserer Kindheit nicht vorkam. Eine geschmacksintensive Praline aus Schweineblut und -mett auf einem Chip aus Schweinehaut bildet die Vorhut für eine saftige, rosa gegarte Tranche vom Schweinerücken, die mit Lardo bedeckt und überraschend mit Ponzu aromatisiert ist. Auf das mit Kapuzinerkresse dekorierte Gemüsebett wird ein intensiv grünliches Bohnenkrautgel gegossen, dazu lässt Marco Müller Birnensaft mit Krustentieressenz reichen. Für uns geschmackliches Neuland, das wir aber gern betreten haben. Schließlich ein mit Rhabarberöl und Gin aromatisiertes Tagetes-Granité als Vordessert. Zum Abschluss luftig und auf übertriebene Süße verzichtend: »Shisoblätter Japanknöterich & Kirschyoghurt«. Eine Nocke wunderbar säuerliches Shisosorbet thront auf einem schneeweißen Joghurtbaiser, das auf Sauerkirschsaft schwimmt: mit dem an Rhabarber erinnernden Knöterich ein federleichter Abschluss. Die österreichische Köchin Johanna Maier hat mal gesagt, man solle sich noch lieben können, wenn man bei ihr gegessen habe. Dasselbe scheint auch das Motto von Marco Müller zu sein.

Rutz

Chausseestraße 6 | 10115 Berlin

Öffnungszeiten: Di – Sa 18 – 23 Uhr

Reservierung: 030/24 62 87 60

www.rutz-restaurant.de

Einkaufen

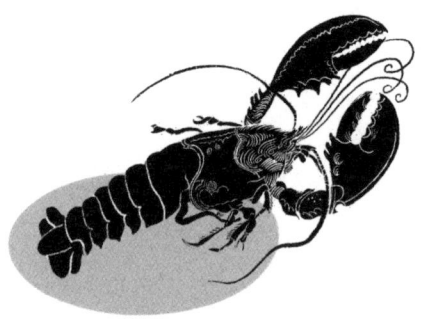

ZWISCHEN AUSTERNBAR UND
DAUER-GRÜNER-WOCHE

KaDeWe

Lange Zeit erschien uns das *KaDeWe* wie Dornröschens Schloss. Insbesondere die Lebensmittelabteilung in seiner sechsten Etage strahlte für uns einen Brigitte-Mira-Harald-Juhnke-Retro-Charme aus. »Zeitenthoben«, ließe sich euphemistisch sagen. In gastronomischen Dauertiefschlaf versunken, so die uns zutreffender erscheinende Diagnose. Dem steuern die neuen Betreiber nun mit Macht entgegen.

Zu unseren Lieblingsanekdoten aus der Medienwelt zählt, dass die Produktion der ZDF-Erfolgssendung »Die Deutschen«

zu Anfang des Jahrtausends aus Budgetgründen mit jeder neuen Staffel immer weiter gen Osten wanderte. Erst drehte man die Spielszenen mit Schauspielern noch in Deutschland. Dann zog man nach Tschechien. Schließlich landete man in Rumänien – bis einer der Produzenten beim Sichten des Drehmaterials gequält aufschrie: »Verdammt, mein Bismarck hat Schlitzaugen!« Wir müssen daran denken, als wir im Sommer 2021 von dem Plan der Münchner Constantin Film erfahren, eine große Fernsehserie über das 1907 eröffnete »Kaufhaus des Westens« zu drehen – aber nicht nur am Originalstandort Tauentzienstraße 21–24, sondern hauptsächlich in Budapest. Der von Oliver Berben produzierte Weihnachtsmehrteiler »Eldorado KaDeWe« mit vielen Anleihen bei »Babylon Berlin« lief mit mäßigem Erfolg am 27. Dezember 2021 in der ARD. Einige Monate zuvor regte sich die Berliner Lokalpresse über den kuriosen Fall einer seit 31 Jahren im *KaDeWe* beschäftigten Verkäuferin auf, die trotz ihrer Tätigkeit als Betriebsrätin fristlos entlassen wurde, weil sie ihre asiatischstämmige Vorgesetzte als »Mingvase« bezeichnet hatte. Das Arbeitsgericht sah darin den Tatbestand »eines Alltagsrassismus« erfüllt, der sich »derzeit immer mehr in der Gesellschaft ausbreitet«. Die absurde Verteidigung der Klägerin, eine Mingvase sei doch etwas Schönes und Kostbares, fand kein Gehör. Die Eigentumsverhältnisse des *KaDeWe* sind vertrackt. Denn die Immobilie ist über diverse Tochtergesellschaften mehrheitlich zwar im Besitz des Signa-Konzerns des österreichischen Großinvestors René Benko. Betreiberin des *KaDeWe* ist aber die in Essen residierende Handelsfirma The KaDeWe Group GmbH, an der die CRC Luxembourg S.a.r.l. eine Mehrheitsbeteiligung von 50,1 Prozent hält. Und diese Luxemburger Dependance gehört wiederum zur Central Retail Corporation der Central Group der

Familie Chirathivat aus Thailand, laut Forbes eine der wohlhabendsten des Landes. Tiang Chirathivat eröffnete 1925 ein kleines Ladengeschäft in Bangkok und 1956 das erste Kaufhaus Thailands. Inzwischen zählen zu dem 3700 Geschäfte, Hotels, Restaurantketten und Supermärkte umfassenden Konzern der Chirathivats auch internationale Luxuskaufhäuser wie das *Rinascente* in Mailand, das *Illum* in Kopenhagen oder das *Central Chidlom* in Bangkok – und seit 2015 eben auch das traditionsreiche *KaDeWe* an der Tauentzienstraße in Schöneberg. Gerade hat Tos Chirathivat, der CEO der Central Group, zusammen mit René Benkos Signa-Konzern für vier Milliarden Pfund die britischen Selfridges-Kaufhäuser übernommen.

Das »Kaufhaus des Westens« war seit seiner Gründung ein Vorreiter des globalisierten Kapitalismus und hat deshalb auch schon immer provoziert und polarisiert. Das war so im Kaiserreich, als das vermögende Bürgertum den Westen als Wohnort entdeckte. Und das galt erst recht in der Hochzeit des Kalten Krieges, als das *KaDeWe* ein Schaufenster gen Osten war, das die Leistungsfähigkeit des bundesrepublikanischen Wirtschaftswunders unter Beweis stellen sollte. Dabei galten Kaufhäuser den selbstständigen Berliner Händlern Ende des 19. Jahrhunderts zunächst als unliebsame Konkurrenz. Mit immer neuen Gesetzesinitiativen wollten sie ihnen durch Sondersteuern oder feuerpolizeiliche Drangsalvorschriften das Leben möglichst schwer machen. Auch die Nazis hatten ursprünglich die Auflösung oder Verstaatlichung der großen, meist Juden gehörenden Kaufhausketten in ihrem Wahlprogramm. Nach 1933 ließen sie sich jedoch im Hinblick auf die Abhängigkeit vieler Mittelständler von den Kaufhäusern als Abnehmer ihrer Produkte davon abbringen.

Die Anfänge des *KaDeWe* liegen ausgerechnet im kleinen Dorf Hengstbach im Hohenloheschen. Hier kam 1870 Abraham Adolf Jandorf zur Welt, der als junger Mann in einer Familienangelegenheit in die Vereinigten Staaten reiste. Er sollte in New York seinen älteren Bruder Louis aufspüren und ihn zur Rückkehr nach Deutschland bewegen. Dies misslang zwar, dennoch kehrte Jandorf nicht mit leeren Händen in die Alte Welt zurück: In New York hatte er die brandneuen Großkaufhäuser wie *Bloomingdale's* und *Macy's* kennengelernt und war von dieser modernen Art des Warenvertriebs elektrisiert.

In Hamburg fand Jandorf Anstellung beim Handelskonzern M. J. Emden Söhne, der ihn Anfang der 90er-Jahre mit 500 Mark nach Berlin schickte, um dort eine Dependance zu eröffnen. Adolf Jandorf wählte den Spittelmarkt als Standort und handelte mit Kurzwaren, eröffnete seinen Laden aber entgegen der Absprache unter eigenem Namen. Jakob Emden und Jandorf legten ihren darüber ausgebrochenen Konflikt rasch wieder bei und blieben Geschäftspartner. Und das sollte sich lohnen, denn schon wenige Jahre später erwies sich ein mit der Aufschrift »Nur ein Viertelstündlein« besticktes Ruhekissen als ein solcher Verkaufsschlager, dass mehr als eine Million Exemplare dieses wilhelminischen *Novelty item* über die Verkaufstheken gingen und Jandorf in den Stand versetzten, mit seinen Warenhäusern rasch nach Friedrichshain und Mitte, Charlottenburg und Kreuzberg vorzudringen. 1906 gehörten ihm bereits sechs im Vergleich zur Konkurrenz von *Wertheim, Karstadt* und *Tietz* eher im Billigsegment operierende Kaufhäuser in Berlin. Nun aber wollte Jandorf nach den Sternen greifen. An der Grenze zwischen den damals noch eigenständigen Charlottenburg und Schöneberg, buchstäblich auf der grünen Wiese, sollte ihm der

Architekt Johann Emil Schaudt seinen Traum erfüllen: das deutsche *Bloomingdale's,* ein lichtdurchfluteter Einkaufstempel mit prächtiger Fensterfassade. Fünf Stockwerke, über zwanzig Personenaufzüge, ein Sortiment, das von Mode aus Paris bis zu Silber aus London reichte. Vor allem aber sollte eine ganze Palette damals für ein Kaufhaus unerhörter Serviceleistungen angeboten werden: Im *KaDeWe* konnte man in einem Wechselbüro ausländische Währungen eintauschen, Fernreisen buchen, zum Friseur gehen, sich im eigenen Atelier fotografieren lassen, sogar eine Leihbibliothek war vorhanden. Vor allem aber luden die prachtvoll ausgestalteten Teesalons und holzgetäfelten Ausschankstuben zum Essen und Trinken ein, und in der Lebensmittelabteilung ließen sich die eigens für das *KaDeWe* aus der Südsee importierten Delikatessen verkosten. Auch wenn die Konkurrenz angesichts des wenig attraktiven Standorts zunächst spottete, statt *KaDeWe* wäre »Jottwede« der passendere Name, so erwies sich Jandorfs Riecher bald als richtig: Der Wittenbergplatz boomte.

1926 verkaufte Jandorf seine Kaufhauskette an die Hermann Tietz OHG, die im *KaDeWe* aufwendige Umbaumaßnahmen durchführte. Ausgerechnet im Jahr der Weltwirtschaftskrise 1929 eröffnete die riesige Feinkostabteilung. Neu waren auch die offenen Dachterrassen, wo man wie auf Kreuzfahrtschiffen in Liegestühlen seinen Beef Tea nehmen konnte. Die brutale Enteignung des jüdischen Familienunternehmens Tietz im Rahmen der sogenannten Arisierung ist exemplarisch für die systematische Entrechtung und Pauperisierung jüdischer Deutscher nach 1933. Als Teil des sogenannten Hertie-Konzerns gelangte das *KaDeWe* in den Besitz von Georg Karg, Leiter des Textileinkaufs bei *Tietz* und früher Geschäftsführer eines großen Kaufhauses von Jandorf an der Wilmersdorfer Straße. 1943 stürzte ein amerikanisches Kampfflugzeug ins Dach des *KaDeWe* und verursachte einen Großbrand, der das Kaufhaus fast völlig zerstörte.

Was unter dem Namen *KaDeWe* am 3. Juli 1950 wiedereröffnete, hatte mit dem Glamour und der Exklusivität des alten Konsumtempels der Weimarer Republik zunächst nicht mehr viel zu tun. Das Warenangebot diente eher der Grundversorgung der Bevölkerung, als Verkaufsschlager am Eröffnungstag vermeldete die Berliner Presse »Würstchen«. Immerhin hatte man nicht an der Werbekampagne gespart und in Flugzeugen und den damals verkehrenden »Interzonen-Zügen« Prospekte verteilt, die stolz verkündeten: »Was für *New York Macy's,* für *Paris Galerie Lafayette* und für *London Harrods,* das ist das *KaDeWe* für Berlin.« Bis dahin war es allerdings noch ein langer Weg. Selbst bis zur Einweihung des neuen »Schlemmerparadieses« – diesen Namen hatte man seit 1929 für die Gourmetabteilung beibehalten – vergingen noch sechs weitere Jahre. Bis dahin hatte aber das Wirtschaftswunder so an Fahrt gewonnen, dass sich die Auslagen bald wieder füllten.

So wie sich manche Menschen erst dann richtig in Manhattan angekommen fühlen, wenn sie einmal die Rolltreppen in *Bloomingdale's* hinaufschweben oder in der *Oyster Bar* der Grand Central Station einen Teller »Clam Chowder« löffeln, so fühlen sich andere erst richtig in Berlin zu Hause, wenn sie bei Langusten und Chablis in der sechsten Etage sitzen. Das gilt nicht nur für Touristen. Der Berliner Koch Tim Raue (»Als Kreuzberger Ghetto-Kid war es für mich immer das Größte, durchs *KaDeWe* zu latschen«) entdeckte hier die Welt der Krustentiere für sich und schwärmt noch heute für den Garnelencocktail mit Chicorée und Mandarine. Der Charme dieser Lebensmittelabteilung

in der sechsten Etage des *KaDeWe* ist allerdings gewöhnungsbe-
dürftig und wird sich nicht jedem erschließen. Zwar sind Brot,
Kuchen und Torten von *Le Nôtre* exquisit und die Fisch-, Käse-
und Wurstabteilung immer noch erstklassig; bei einigen anderen
Zutaten sieht es durch die Rack-Jobbing-Politik des *KaDeWe* aber
eher mau aus. So sind etwa keine Gewürze von Deutschlands
führender Gewürzmanufaktur Ingo Holland im Angebot, die
doch in so gut wie keiner deutschen Sterneküche fehlen. Was die
Vielfalt der Einkaufsmöglichkeiten anbelangt, haben das *FrischeParadies* und auch *Mitte Meer* (S. 107) gelegentlich die Nase
vorn. Gerade an Wochenenden ist das Gedränge beträchtlich
und erinnert mitunter eher an den Hamburger Fischmarkt als an
den Münchner Viktualienmarkt. Zwar finden sich in den Medi-
en häufig Bilder von urbanen Müßiggängern, die im *KaDeWe*
Austern schlürfend und Champagner süffelnd das lange Wochenende einläuten. Aber es gab ja neben der *Austernbar* auch
immer das *KaDeWe* der »Fressetage«, so eine Art Dauer-Grüner-
Woche, wo Stände wie der »Wurstkessel« und der »Kartoffela-
cker« Bodenständigeres wie Buletten, Weißwürste oder Currywurst, Bratkartoffeln, Rösti, Kartoffelpuffer und Kartoffelstampf
anbieten. Der umtriebige Berliner Großgastronom Josef Laggner,
der Mitte der 90er das *Lutter & Wegener* in der Schlüterstraße
übernommen hatte und der heute unter anderem die *Fischerhüt-
te* am Schlachtensee, die *Newtonbar* und den *Augustiner* am
Gendarmenmarkt betreibt, ist mit einer *Lutter-&-Wegener*-De-
pendance vertreten, ebenso mit der *Laggner Schwemme*, wo Au-
gustinerbräu ausgeschenkt wird.

Seit einigen Jahren hat die Betreiberfamilie Chirathivat das
niederländische Architekturbüro von Rem Kohlhaas mit dem
Umbau des *KaDeWe* bei laufendem Betrieb beauftragt. Das

Selbstbedienungsrestaurant *Wintergarten*, die *Apotheker-Bar* und das *Belsazar* in der siebten Etage sollen verschwinden, an ihre Stelle tritt nach Abschluss des Umbaus 2024 ein kulinarischer »Workspace« – wir sind gespannt. Inzwischen nennt sich die Lebensmittelabteilung *Food Hall*, das *Papaya royal* verspricht leichte Thai Cuisine, im *Five Elephant Café* stehen drei verschiedene Käsekuchen zur Auswahl, eine *Tea Bar* zelebriert den Kult um Matcha- und grünen Tee, das Steakhaus *Beef Grill Club* wirbt mit imposanten Reifeschränken und hat einen Cobb Lobster Salat zu 45 Euro und ein ein Kilo schweres Tomahawk-Steak zu 123 Euro auf der Karte. Daneben die allgegenwärtigen Burger, als vegetarische Alternative den gegrillten Blumenkohl mit Hummus, Pinienkernen und Olivenöl zu 24 Euro, während die in sanftes Orangegelb gehaltene *Veuve-Cliquot-Champagnerbar* nach wie vor an Flughafengastronomie erinnert. Neue Imbisse wie die 1997 von Alexander und Janina Wolkow in Moskau gegründete Sushibar *Sumosan*, die auch in London, Dubai und Courchevel vertreten ist, haben leichtes Sashimi im Angebot, Garnelen-Gyoza oder Tiradito von der Gelbschwanzmakrele. Das *Daluma* wirbt mit dem schwer zu glaubenden Motto »100 % Sustainable«, umfasst die Karte im Oktober doch eine »Bowl mit Açaí-Beeren, Blaubeeren, Erdbeeren, Kokos, Banane, Datteln, Kirsche, Zitrone, belegt mit Mango, Ananas, Kokoscreme, glutenfreiem Kurkuma-Kardamom-Granola, Hanfsamen und Minze« oder ein »Avocado Wasabi Brot«, das man mit Kimchi, einem pochierten Bio-Ei oder Sous-vide-Lachs ergänzen kann. Hier ist man inzwischen definitiv in der Gegenwart angekommen.

KaDeWe – Kaufhaus des Westens

Tauentzienstraße 21–24 | 10789 Berlin

Öffnungszeiten: Mo–Sa 10–20 Uhr

Telefon: 030/21 21-0

www.kadewe.de

SUPERMARKT FÜR
GEHOBENE BEDÜRFNISSE

Mitte Meer

Berlin fehlt ein Viktualienmarkt. Ein Ort, wo man Lebensmittel in allerbester Qualität einkaufen kann, quer durch die Produktpalette und – das ist der springende Punkt –: auf die Schnelle. Zum Beispiel alles, was man braucht, wenn man für eine Handvoll spontan eingeladener Gäste groß aufkochen möchte. Ein kulinarisches Zentrum, das einen durch die schiere Vielfalt des Angebots auf neue Ideen bringt und einen auch mal furchtlos in Regionen vorstoßen lässt, die man sich bislang zu betreten gescheut hat. Warum sich denn nicht mal an eine portugiesische Cataplana mit Muscheln, Fisch, Garnelen, Kartoffeln und Chorizo wagen? Einen ganzen Steinbutt auf den Grill legen? Oder eine große Krause Glucke frittieren? Stattdessen geht in Berlin nach der Menüplanung mit schöner Regelmäßigkeit die große Herumrennerei los: da das Gemüse, dort das Brot, hier der Fisch und Krustentiere, dort das Fleisch, und ach Gott, wo jetzt bloß noch den Käse besorgen …? Auch vor Coronazeiten schon kamen Menschen mit Büroalltag und Kindern da ganz schön ins Schwitzen.

Natürlich gibt es die Lebensmittelabteilung im *KaDeWe* (S. 98) oder in der Galerie Lafayette. Auch das fantastisch diverse Angebot der *Markthalle Neun* (S. 187), inzwischen mit »dm«-

Drogeriemarkt, in Kreuzberg oder das 1928 aus einer Fischräucherei im Wedding hervorgegangene legendäre *Rogacki* in der Wilmersdorfer Straße 145 in Charlottenburg. Blöd nur, wenn man in Treptow wohnt ... Wer privat ambitioniert in Berlin kocht, kommt um das mit zwei Filialen in Berlin vertretene *FrischeParadies* in der Morsestraße 2 in Charlottenburg und in der Hermann-Blankenstein-Str. 48 im Prenzlauer Berg nicht herum – und erst recht nicht um das *Mitte Meer* mit seinen vier Filialen in Charlottenburg, Schöneberg, Prenzlauer Berg und Zehlendorf. Das 2002 gegründete *Mitte Meer* ist in Berlin schlicht alternativlos, wenn man frischen Fisch und Meeresfrüchte schätzt. Bei unserem letzten Besuch, an einem Samstag im August morgens um halb zehn, mussten wir bescheiden warten, bis ein längeres Schwätzchen des spanischen Fischverkäufers mit der spanischen Kundin abgewickelt war. Unser Spanisch ist lausig, und doch haben wir der Spur nach das Gespräch so weit verstanden, dass es um die optimale Zubereitungsart von Schwertmuscheln ging und um die Wahrscheinlichkeit, dass demnächst *percebes* verfügbar sein würden. Diese in Spanien und Portugal so hoch geschätzten Entenmuscheln werden von sogenannten *percebeiros* gesammelt, todesmutigen Tauchern, die sich an der galizischen Atlantikküste in die Brandungsfluten stürzen, um die Muscheln mit ihren Metallmeißeln von den Felsen abzuschaben. Jedes Jahr ertrinken dabei Menschen. Doch der Geschmack der Entenmuscheln ist unvergleichlich: als brandete ein Ozean im Mund auf.

Das *Mitte Meer* ist ein Supermarkt für gehobene Bedürfnisse. Längst wurde die ursprünglich stark auf die mediterrane Küche zugeschnittene Produktpalette erweitert und umfasst nun neben den stark vertretenen spanischen und portugiesischen Spezialitäten auch Wein, Käse und Wurst aus Frankreich und Italien. Die Fischtheke glänzt je nach saisonaler Verfügbarkeit mit einem kunterbunten Angebot an Frischfisch von Doraden, Forellen, Flunder, Heilbutt, Kabeljau, Lachs, Marlin, Makrele, Papageifisch, Pulpo, Red Snapper, Rotbarsch, Sardinen und Sardellen, Scholle, Schwertfisch, Seeteufel, Steinbeißer, Steinbutt, Seezunge, Thunfisch, Wolfsbarsch bis hin zu Zackenbarsch und Zander sowie Vongole und anderen Muscheln, Krusten- und Schalentieren. Auch ganze spanische Schinken in hervorragender Qualität lassen sich bei *Mitte Meer* finden. Wie in Spanien selbst bieten die riesigen Tiefkühltheken gute Alternativen, sollte der Fisch einmal nicht frisch im Angebot sein. Dort findet sich – ein echter Geheimtipp – auch das unfassbar leckere und nicht zu süße Fruchteis in der echten Schale: Orangeneis in einer ausgehöhlten Orange, Mangoeis in einer halben Mango, Zitroneneis in einer Zitrone.

Ein besonderer Schwerpunkt im *Mitte Meer* liegt auch auf dem Weinsortiment, das durch regelmäßige Verkostungen mit einer angestellten Sommelière fachkundig erläutert und beworben wird. Auch vor Corona hat *Mitte Meer* auf eine Onlinepräsenz Wert gelegt, hier lohnt ein Blick auf die liebevollen Produkterläuterungen, die einem etwa den Unterschied zwischen weichem und hartem Turrón aus Spanien und italienischem Torrone classico erklären. Für seinen Internetauftritt hat sich *Mitte Meer* Rezeptvorschläge des argentinischen Journalisten und Fernsehkochs Chakall gesichert: Glasaale auf Bilbao-Art als Pincho, eine vegetarische Variante des brasilianisch-portugiesischen Bohneneintopfs Feijoada oder eine Panna cotta von roter Paprika zu gebratenen Jakobsmuscheln mit zweierlei Essigreduktionen regen zum Selberkochen an.

Mitte Meer

Prenzlauer Berg
Prenzlauer Promenade 192 | 13189 Berlin
Telefon: 030/68 23 25 71

Schöneberg
Kolonnenstraße 30b | 10829 Berlin
Telefon: 030/26 59 35 82

Charlottenburg
Kantstraße 42 | 10625 Berlin
Telefon: 030/32 30 10 28

Zehlendorf
Berliner Straße 78 | 14169 Berlin
Telefon: 030/84 72 58 71
Öffnungszeiten: Mo – Fr 10 – 20 Uhr | Sa 9 – 20 Uhr

www.mitte-meer.de

Szenen einer Hauptstadt

DAS RESTAURANT
ALS VAMPIR

Paris Bar

Die Episode, die uns aus der *Paris Bar* unvergesslich ist, hat sich vor vielen Jahren an einem lauen Sommerabend Ende August zugetragen. Ein braun gebrannter Mario Adorf ging, wie einem Kinoplakat entstiegen, in einem hellen Leinenanzug mit einem Panamahut über die Kantstraße, verlangsamte an der Hausnummer 132 seine Schritte ein klein wenig, hob, als er an den Fenstern der *Paris Bar* vorüberging, jovial grüßend die Hand und winkte. Winkte wie die Queen. Allerdings überzeugte uns ein Blick über die Tische und den Tresen, dass niemand, wirklich niemand von den Gästen oder aus der Servicebrigade, Adorf auch nur eines einzigen Blickes würdigte.

In der *Paris Bar* ist jeder ausschließlich mit sich selbst beschäftigt, Star in seinem eigenen Film. Die *Paris Bar* liefert dazu Bühne, Set und Kulisse. Ein Lokal für Vampire, die auf Eigenblutdoping stehen. Und das schon, seit Michel Würthle und Reinald Nohal das Lokal 1979 übernahmen. Zuvor hatte Würthle zusammen mit Ingrid und Oswald Wiener, dem Vater von Sarah Wiener, am Paul-Lincke-Ufer sieben Jahre lang das legendäre Künstlerlokal *Exil* betrieben – sie kannten sich aus gemeinsamen Wiener Tagen, ehe die Aktionisten nach der sogenannten Uni-Ferkelei die Stadt fluchtartig verlassen mussten. Ingrid Wiener ist eine facettenreiche Künstlerin, der 2021 verstorbene Oswald Wiener einer der bedeutendsten österreichischen Autoren der Moderne. Dass ausgerechnet die Wieners ein wenig kulinarischen Glanz ins ausgepowerte Westberlin brachten, ist eine schöne Pointe in der literarischen und kulinarischen Geschichte dieser Stadt. Ursprünglicher Gründer der *Paris Bar* war Anfang der 50er-Jahre ein Casinokoch der französischen Besatzungsarmee, der einfache Speisen wie gratinierte Zwiebelsuppe und eher schlichte knorrige Weine auf der Karte hatte. Michel Würthle, der tatsächlich einige Jahre in Paris gelebt hatte und seither das A in seinem österreichischen Vornamen Michael wegließ, ließ riesige Spiegel an den Wänden anbringen, um das Sehen und Gesehenwerden zu erleichtern, und füllte die Wände mit Kunst in Petersburger Hängung. Mit Martin Kippenberger verband Würthle, der selbst Künstler ist, eine enge Freundschaft. Deshalb ließ er sich auf einen besonderen Deal ein: Im Austausch gegen einige Bilder durfte Kippenberger sein Leben lang umsonst in der *Paris Bar* essen und trinken. Andere Bilder, die einst die Wände der *Paris Bar* zierten, stammten von Sigmar Polke und Georg Baselitz, Joseph Beuys, Albert Oehlen, Daniel Richter oder John Baldassari. Das berühmteste Bild der *Paris Bar* ist aber tatsächlich von Martin Kippenberger, trägt als Titel den Namen des Lokals und existiert in mehreren Versionen. Kippenberger hat es nach dem Motto »Lieber Maler, male mir …« von einem exzellent ausgebildeten Kinoplakatmaler malen lassen. Es zeigt den schwarz-weiß gefliesten Boden der *Paris Bar*, den menschenleeren Gastraum mit weiß eingedeckten Tischen, die berühmten roten Kunstledersitzbänke – und die Wände mit den Bildern von Kippenbergers Freunden. Eine zweite Version zeigte das erste Bild in der *Paris Bar* hängend und davor einige weitere eingedeckte Tische – diese ging 2009 für zwei Millionen Pfund bei Christie's in London an einen amerikanischen Sammler.

Die Wirte Michel Würthle und Reinald Nohal hatten von all dem Wertzuwachs an den Wänden wenig. Sie verstanden mehr von charmanter Gastgeberschaft als von seriöser Buchführung. Immer wieder wurden Bilder verkauft, um das trotz allem defizitäre Lokal zu subventionieren. Am Ende stand ein Strafprozess wegen Steuerhinterziehung von mehr als zwei Millionen Euro. Ein verständiges Gericht verhängte 2011 eine mehrjährige Haftstrafe über beide Wirte – allerdings setzte man die Strafen in Anbetracht der kulturellen Verdienste der Angeklagten zum Glück zur Bewährung aus. Selten waren wir mit der deutschen Justiz zufriedener.

Die *Paris Bar* heute ist weniger ein Lokal als ein Zeitportal. Ein transitorischer Ort von einer Epoche in eine andere. Die *Paris Bar* von einst: Das waren vollgerauchte Aschenbecher, leer gequatschte Hirne, Beziehungs-Waterloos und große Szenen, Niederlagen, Triumphe, Eroberungen. Hier wurde um Ideen gerungen, wurden Ehen gestiftet (zum Beispiel die zwischen dem britischen Lyriker James Fenton und dem US-amerikanischen Autor Daryll Pinckney, man lernte sich am Tisch von Susan Sontag kennen …) und geschieden, Karrieren gemacht und beendet, hier wurde geküsst und geliebt, hier wurde aus Ehrgeiz und Eifersucht gelitten, geweint und getobt.

Ach so, gegessen und getrunken wurde hier natürlich auch. Doch das war in der *Paris Bar* nie das Wesentliche und ist es bis heute nicht. Legendär die Beschwerden der Stammgäste über die Schwächen der Küche: Nur die Allerverwegensten aßen anderes als Austern, Boudin blanc mit Püree oder Steak frites. Hier ging man nicht hin, um seinen Hunger zu stillen, jedenfalls nicht diese Art Hunger. Die *Paris Bar* wies in den 80er- und 90er-Jahren während der Filmfestspiele mehr Stars auf, als auf dem roten Teppich standen. Sie war im damaligen Berlin *the place to be*: Hier waren David Bowie und Julian Schnabel, Madonna requirierte einmal einen Tisch, der für Gina Lollobrigida reserviert war, Robert De Niro war da und Karl Lagerfeld, Heiner Müller, Max Frisch, Günter Grass und George Clooney sowieso, Gerhard Schröder, Joschka Fischer und Alice Schwarzer, Helmut Newton, Damien Hirst, Claudia Schiffer und, und, und.

Mag alles so gewesen sein. Kunst, Geschichte, großes Kino in jeder Hinsicht. Aber die *Paris Bar* heute? Ein Treffpunkt der Gespenster, sagen viele, so aufregend wie ein Besuch des Hermannsdenkmals im Teutoburger Wald. Wenn man sich da mal nicht irrt. »The past is unpredictable«, lautet eine der schönsten Bildinschriften in der gerade im Steidl Verlag erschienenen sechsbändigen Ausgabe von Michel Würthles während der Coronapandemie entstandenen Zeichnungen und Fotos von »Paris Bar Press Confidential«. Die *Paris Bar* ist mehr als nur ein Anlaufpunkt für alle, die aus ihrer Zeit gefallen sind. Das Elefantengedächtnis des internationalen Kulturbetriebs sorgt dafür, dass die *Paris Bar* genauso im Gespräch bleibt wie die Brasserien *Bofinger* und *Lipp* in Paris oder *Harry's New York Bar* in Venedig. *Old soldiers never die but gently fade away.*

Paris Bar

Kantstraße 132 | 10623 Berlin
Öffnungszeiten: Mo – So 12 – 1 Uhr
Reservierung: 030/313 80 52
www.parisbar.net

THE SCHNITZEL PLACE

Borchardt

In unserem Lieblingsbuch von Joachim Ringelnatz findet sich die ewig wahre pädagogische Erkenntnis: »Fünf Kinder genügen, / Um eine Großmama zu verhauen«. Ringelnatz' »Geheimes Kinder-Verwirr-Buch mit vielen Bildern« von 1931 enthält aber auch das schön schaurige Gedicht »Silvester bei den Kannibalen«. Es handelt von der ebenso genüsslich wie grauslich ausgemalten Beschreibung eines Punkt Mitternacht aufgetragenen Festmahls, die mit den Versen endet: »Nur dem Häuptling wird eine steinalte Frau / Zubereitet als Karpfen blau. / Riecht beinah wie Borchardt-Küche, Berlin, / Nur mehr nach Kokosfett und Palmin.«

Heute verkehren im *Borchardt* andere Arten von Menschenfresser als die Ringelnatz'schen Kannibalen – die für Kinderbuchautoren aus guten Gründen mittlerweile sowieso als Thema tabu sind. Aber 30 Jahre nach seiner Wiedereröffnung durch Roland Mary 1992 ist das *Borchardt* wieder so berühmt, dass man es ganz wie Ringelnatz zu seiner Zeit als bekannt voraussetzen und zitieren kann. Angeblich heißt es in Hollywood schlicht *The Schnitzel Place* unter Leuten wie Jack Nicholson, Nicole Kidman, Tom Cruise, Demi Moore oder Arnold Schwarzenegger. Na gut, internationale Stars kann man in vielen Berliner Lokalen treffen. Aber dass ein Barack Obama bei seinem ersten Berlinbesuch hier einkehrt oder dass ein Brad Pitt dem Wirt die 27-jährige Ehefrau ausspannt, ist denn doch was Besonderes. Wie kam das, und woran liegt das? Warum wurde ausgerechnet dieses Restaurant mit seiner roten Markise, den mit rotem Samt bezogenen Sofas und ihren funkelnden Messingstangen, den grünroten Marmorsäulen und dem antikisierenden überlebensgroßen Mosaik einer Weingöttin zum »Wohnzimmer der neuen Berliner Republik«?

Das *Borchardt* war längst schon berühmt, als von einer Republik in Deutschland noch gar keine Rede war. »Hier herrscht die Freiheit zu essen, was man will und wann man will«, urteilte etwa der durch seinen empfindlichen Magen nicht nur als Theater-, sondern auch als Gastrokritiker durchaus verlässliche Theodor Fontane über die 1853 eröffnete Delicatessen- und Wein-Großhandlung in der Französischen Straße 47/48. August F. W. Borchardt hatte ein für seine Zeit revolutionäres Gastrokonzept entwickelt, das auch heute wieder gieriges Glitzern in die Augen vieler Restaurateure treten lässt: *Borchardt* caterte. Und das kam an – insbesondere beim Hohenzollernhof, dem preußischen Adel und allen *social climbers* im Bürgertum. Nach der Reichsgründung wurde Borchardt Hoflieferant des deutschen Kaisers, und auch seinen Nachfahren Hanns und Fritz Borchardts gelang es, diese Privilegierung bis zum Ende der Monarchie zu erhalten. Auch die Weimarer Republik überstand das *Borchardt*, nun im Alleinbesitz von Fritz. Während der Nazizeit profitierte Fritz Borchardt von der als »Arisierung« bezeichneten Ausplünderung und Enteignung jüdischer Besitzer. Auf diese Weise gelangte der Borchardt-Clan in den Besitz des in der Weimarer Republik als *Haus Vaterland* international bekannten und später in *Haus Kempinski* umbenannten Gastrotempels am Potsdamer Platz, der ab Ende 1941 als *F. W. Borchardt* firmierte. Davon blieb im Bombenhagel des Zweiten Weltkriegs wenig mehr übrig als meterhohe Trümmerhügeln. Das Stammhaus in der Französischen Straße kam vergleichsweise glimpflich davon. 1948 konnte das *Borchardt* als selbstständige Gaststätte für einige wenige Monate wiedereröffnen. Schon 1949 wurde sie mit der neu gegründeten HO zwangsfusioniert, in *Lukullus* umgetauft und zu DDR-Zeiten erst zu einer Art Tanzdiele für jugendlichen Schwof und dann unter dem Motto »Fisch auf jeden Tisch« zu einem Fischrestaurant. Nach der Wende kam 1990 das endgültige Aus für das *Lukullus*.

Das war die Stunde des Gastrovisionärs Roland Mary. Der heute 69-Jährige hatte schon in Westberlin Erfahrung mit der Szenekneipe *Shell* in einer alten Tankstelle in Charlottenburg gesammelt. Zum Wirt qualifizierte ihn sein ohnehin schon buntscheckiger Lebenslauf: Nach einer Ausbildung zum Augenoptiker hatte er ausgiebig die Welt bereist und sich als Musiker und Schauspieler im Improtheater versucht. Wer Roland Mary je im Eingangsbereich des *Borchardt* agieren sah, könnte glauben, dass er die Theaterbranche nie verlassen habe. Er ist ein Meister der Begrüßungsvarianten, vom halb nur angedeuteten Servus-Wink über den buddyhaften Schulterklopfer bis zur eingesprungenen Doppel-Tätschler-Umarmung, und wirkt dabei – und genau das ist das Kunststück! – vollkommen glaubhaft. Nichts an diesem Mann ist Fassade. In Interviews mit ihm, und davon gibt es viele, liest man immer wieder die Formulierung, er sei gern oberflächlich. Wir glauben, Roland Mary möchte einfach, dass man ihn und sein *Borchardt* mag und man sich hier wohlfühlt.

Umso größer allerdings das Rätsel, warum dieser Laden so unverschämt gut läuft. Weshalb wurde das *Borchardt* zum Begegnungspunkt von Sphären, die im gesellschaftlichen Leben der alten Bonner Bundesrepublik über Jahrzehnte außerhalb der Bayreuther Festspiele strikt getrennt waren? Im *Borchardt* treffen sich Kunst und Politik, Wirtschaft, Showbiz und Medien, Kultur und Sport – und nicht zu vergessen jene Normalmenschen, die eben einfach auch mal gern ein bisschen Hauptstadtflair schnuppern wollen. Es ist nicht schwer, einen Tisch im *Borchardt* zu reservieren. Und die Panade des Wiener Schnitzels mit warmem Kartoffelsalat, das ein Nichtprominenter bestellt, wird sich genauso prächtig soufliert auf dem übergroßen weißen Porzellanteller mit den zwei Goldrändern wellen wie das für Heiner Lauterbach oder Iris Berben. Auch der sehr fair kalkulierte 2017er Weilberg Weißer Burgunder GG zu 85 Euro oder der Wiener Gemischter Satz Nussberg von Zahel zu 55 Euro wird genauso viel Spaß im eigenen Glas machen wie in dem von Johnny Depp. Vermutlich werden sich Normalsterbliche sogar ein, zwei Gläser mehr davon leisten können als die stets um ihre Linie ringenden Hollywoodstars. Doch auch wenn die Austern wundervoll frisch sind, die gebratene Blutwurst auf Champagnerkraut genau das richtige Mundgefühl von kross und schlonzig aufweist, der gebratene Zander perfekt gegart ist und das Steak & Frites mit Sauce béarnaise zu 26 Euro sozusagen nachgerade ein Schnäppchen ist: Das Essen wird im *Borchardt* immer nur eine Nebenrolle spielen. Denn ist die dahinten, ja, die in Jeans und diesem komischen rosa Fummel, ist die nicht die frühere Begum Aga Khan, heute wieder Prinzessin zu Leiningen? Und sieht der da nicht Gérard Depardieu wie aus dem Gesicht geschnitten ähnlich? Was, das war Uwe Ochsenknecht? Wer besitzt denn da schon die Konzentration, aufs Essen zu achten? Wahre Hingabe gibt zu erkennen, wer mit einem geliebten Menschen ins *Borchardt* geht und sich ausschließlich auf diesen, auf seinen Teller und seine Gläser einlässt.

Borchardt

Französische Straße 47 | 10117 Berlin

Öffnungszeiten: Mo – So 11.30 – open end

Reservierung: 030/81 88 62 62

www.borchardt-restaurant.de

Reich der Mitte

YOU ARE LEAVING THE GEMÜTLICHKEITSSECTOR!

Good Friends

Jetzt nur nicht die Nerven verlieren. Natürlich möchten einem die Brillengläser zerbersten, wenn man auf der Fassade des Lokals auf der Kantstraße in Charlottenburg die Reklame mit der blauen »Fürstenberg«-Bierwerbung und dem Schriftzug »China-Restaurant« sieht. Ähnlich vertrauenerweckend wäre ein Restaurant in einem Disney-Resort in Florida, das mit einer »Dos Equis«-Reklame und dem Versprechen »European Food« wirbt. Man könnte sich auch von der gruseligen Beleuchtung abschrecken lassen. Klar fährt jedem der Schreck in die Glieder, der den Bahnhofshallencharme des *Good Friends* mit seinen weißen kahlen Innenräumen und den roten Lampionlampen zum ersten Mal vor Augen hat. Wohl dem, der das Lokal dann voll besetzt vorfindet – Menschen möblieren genau wie Bücher auch noch den unwirtlichsten Raum. Spärlich frequentiert, wirkt das *Good Friends* jedenfalls wie ein ideales Bühnenbild für Gorkis »Nachtasyl«. Wie einem das Neonlicht hier gegen Mitternacht in die Augen knallt, das kannten wir bislang nur aus Ridley Scotts »Blade Runner«. Hier, so meldet einem jeder Nerv unserer Sinnensysteme, ist definitiv erst mal Schluss mit jeglicher gastronomischen Anwanzerei: *You are leaving the Gemütlichkeitssector!*

Doch immerhin können Chinarestaurants auf der Kantstraße, die aufgrund der vielen Asialäden und -lokale scherzhaft auch »Kantonstraße« genannt wird, seit der Eröffnung des *Tsientsien* 1923 auf eine fast hundertjährige Tradition zurückblicken. Das *Good Friends* ist hart und brutal. In dieser Härte und Brutalität aber auch ehrlich. Das fängt mit dem Besitzer an, der früher vorn am Eingang gern mal kettenrauchend dem Daytrading am Laptop frönte. Um die vermeintliche Authentizität chinesischer Restaurants wird in Europa viel Gewese gemacht. Tatsache ist: Die wenigsten europäischen Gäste würden die authentische Atmosphäre eines einfacheren Restaurants in China aushalten. Und das hat gar nichts mit dem zu tun, was man in der Schale oder auf dem Teller vorfindet, also mit ungewohnten Zutaten, die einen an die Ekelschwelle und mitunter darüber hinaus führen. Eher liegt es an der penetranten Zugluft. Der allgegenwärtigen Ruppigkeit. Dem Ausspucken. Je öfter wir in China sind, desto weniger scheren wir uns um den Fetisch des Authentischen.

Hüten Sie sich vor der Speisekarte! Sie ist monströs und zweigeteilt: Der vordere Part ist ausschließlich für Touristen und jene, die essen wollen, was man in allen Chinarestaurants Europas vorgesetzt bekommt; interessanter sind schon die mit »Kantonesische Hausmannskost« überschriebenen Gerichte im zweiten Teil, doch auch dieser liest sich so aufregend wie lateinische Konjugationstabellen. Durchflektiert werden statt Amabam-amabas-amabat-amabamus-amabatis-amabant die ewig gleichen Beilagen »mit Knoblauch«, »mit Brokkoli«, »mit Chinagemüse«, »mit Kaiserschoten«, »mit frischem grünen Spargel« oder »mit Pfeffer und Salz (scharf)« .

Natürlich könnte man im *Good Friends* auch Ente knusprig bestellen, Schweinefleisch süßsauer oder Hühnerfleisch Chop

Suey. Aber es wäre ein Fehler. Ach was, es wäre mehr als das: Es wäre eine Torheit, eine Riesendummheit, ein Fiasko! Man brächte sich nämlich um all das, was den Reiz und die Magie dieses Restaurants ausmacht: eine handwerklich souverän und unaufgeregt zubereitete kantonesische Küche. Das Beste, was man tun kann, ist, sich der großen handgeschriebenen Spezialitätentafel an der Stirnwand gegenüber dem Eingang anzuvertrauen. Einige der aktuellen Gerichte sind nur mit chinesischen Schriftzeichen angekündigt. Dies ist ein Charaktertest. Hier ist die Beharrlichkeit der Gäste gefragt, denn die Kellner (ja, es sind tatsächlich ausschließlich Männer) bringen zwar die bestellten Gerichte in wahrlich atemberaubender Geschwindigkeit an den Tisch, sind aber meist höchst unwillig, die Geheimnisse der Tagestafel zu übersetzen.

Nicht entgehen lassen sollte man sich Taschenkrebse und frischen Fisch wie Wolfsbarsch oder Seezunge, die delikate Seetangsuppe mit Fischkopf und Tofu oder die trotz aller landläufigen Banalisierung köstliche Sauer-Scharf-Suppe. Unbedingt auch Lauchsprossen mit Sepia wie überhaupt alle saisonalen Gemüse wie Wasserkastanie oder das »Gemüse A«. Zwei im *Good Friends* verlässliche Klassiker sind die Pekingente und die Ente Ab-Bao, deren gegrilltes Fleisch mit Hoi-Sin-Sauce in Eisbergsalatblätter gerollt wird. Das wohl legendärste Gericht ist der köstlich knusperig gegrillte Schweinebauch (sensationell auch in der Kombination mit Aal!), dem immer wieder einige hier gern verkehrende Sterneköche ihre Reverenz erweisen – Tim Raue etwa, der in der Nähe wohnt und für den das *Good Friends* ein zweites Wohnzimmer ist, oder Kolja Kleeberg. Der inzwischen aus der Berliner Gastroszene verschwundene Kleeberg hatte lange einen mit Sternanis, Zimt, Korianderkörnern,

Fenchelsamen und schwarzem Pfeffer geschmorten und anschließend gegrillten »Schweinebauch Good Friends« auf seiner Karte im inzwischen geschlossenen *VAU* am Gendarmenmarkt.

Überhaupt ist das *Good Friends* ein Ort für kulinarische Abenteuer. Wer noch nie Qualle oder Tausend-Jahr-Eier gegessen hat, hier erhält man sie gleich in Kombination. Hühnerfüße stehen kalt und gedämpft auf der Karte, gebackener oder gedämpfter Schweinedarm, ebenso Spitzbein vom Schwein, als Zampone in der italienischen Küche bekannt, auch Abalone, also Seeohren, oder Seegurke. Weil man hier mit Voranmeldung auch noch nach 23 Uhr warme Küche und einen ordentlichen Weißwein bekommt, gehen wir oft nach Lesungen mit Autorinnen und Autoren hierher. An einem der großen runden Tische mit Lazy-Suzan-Aufsätzen mit einer großen Gruppe im Essen zu schwelgen und dabei einige Wagnisse einzugehen zählt zu den großen lukullischen Vergnügungen der Hauptstadt. »So was kann man doch nur zu Hause essen«, sagt uns Martin Walser nach einem Abend im »Literarischen Colloquium«, als wir ihn auf die Rinderkutteln mit schwarzen Bohnen und Chili auf der Speisekarte aufmerksam machen. Wir widersprechen und lassen die Vorspeise dennoch kommen. Einen vorsichtigen Bissen später malt sich Begeisterung auf den Zügen Walsers ab, die berühmten buschigen Augenbrauen hüpfen verzückt. Auch sein chinesischer Übersetzer Huang Liaoyu, Germanist der Peking-Universität, ist angetan. Na also.

Good Friends

Kantstraße 30 | 10623 Berlin-Charlottenburg

Öffnungszeiten: Mo – So 12 – 22.45 Uhr

Reservierung: 030/313 26 59

www.goodfriends-berlin.de

ES GEHT
UM DIE NUDEL

Lon Men's Noodle House

Das Westberliner Charlottenburg gehörte mal zu den gewagteren Bezirken – damals, als es Berlin nur geteilt gab, meinten Westberlinerinnen und -berliner aus den Außenbezirken meist den Tauentzien, den Ku'damm und die Kantstraße, wenn sie sagten, sie führen »in die Stadt«. In Charlottenburg lebten 68er, hier wurde demonstriert, hier ging Christiane F. fast in der Drogenszene zugrunde, und Ecke Stuttgarter Platz / Kaiser-Friedrich-Straße wohnten eine Weile die Bewohner der berühmten Kommune 1 und protestierten gegen den Feind: die »Zelle«, die Kleinfamilie.

Heute ist Charlottenburg eher gediegen als gewagt, es gibt viele Kleinfamilien, die bei »Manufactum« einkaufen, teure Modeläden und unbezahlbare Mietpreise, doch kulinarisch gehört Charlottenburg nach wie vor zu den sehr ergiebigen Bezirken, und das in ganz verschiedenen Preiskategorien. Allein in der zweieinhalb Kilometer langen Kantstraße zwischen der Kaiser-Wilhelm-Gedächtniskirche und dem Amtsgerichtsplatz reiht sich ein Restaurant an das nächste. Vor allem die asiatische Küche kann man hier in großer Vielfalt erleben – chinesisch, vietnamesisch, japanisch oder thailändisch.

Zwischen Wieland- und Schlüterstraße, schräg gegenüber vom japanisch-peruanischen *893 Ryotei* (S. 37) und nur wenige Schritte vom berühmten *Good Friends* (S. 122) liegt das von außen unscheinbare *Lon Men's Noodle House*. Chinesisch kann man in Berlin an vielen Ecken essen, auf der Kantstraße aber gibt es nur einen Taiwanesen, und ob Taiwan zu China gehört, lässt sich nirgendwo besser diskutieren als hier. Rote Schrift auf weißem Grund und darunter noch der Hinweis »and more from Taiwan«: Die Nudelsuppe ist hier zwar der Unique Selling Point, aber es geht noch weit über den Suppenschüsselrand hinaus.

Das kleine lang gezogene Lokal war lange ein Geheimtipp, dann wurde es entdeckt und wird seither in vielen kulinarischen Empfehlungslisten genannt. Da es aber glücklicherweise bis heute nichts von seiner Qualität eingebüßt hat, gehört es nach wie vor zu unseren Lieblingsorten Charlottenburg, nach einem Shoppingbummel oder als Lunchtreffpunkt. Wer authentische taiwanesische Küche liebt und eher einen Imbiss als ein Restaurant sucht, ist hier richtig, denn das *Lon Men's* gehört zu den besten Mittagsküchen der Stadt. Uns überzeugt es mit der unbestechlichen Kombination von Qualität, Understatement und der Vielfalt, und das gilt sowohl für die Gerichte als auch für das Publikum. Hier sitzen Bankerinnen und Banker, Leute aus dem Medienbetrieb, Einzelhändler und Schauspielerinnen, Touristen und Anwohner, man sieht Jeans und Pumps und Kostüme und Sneaker, Einzelne und Gruppen. Und – was wir als gutes Zeichen werten – sehr viele Asiatinnen und Asiaten.

Gleich beim Reinkommen rechts zeugt eine riesige Pinnwand mit Fotos von den vielen prominenten Gästen, die hier ein- und ausgehen und die hausgemachten Nudeln und die würzige Brühe schätzen. Zu den zahlreichen Stammgästen zählt zum Beispiel der Schauspieler Lars Eidinger, der bekanntermaßen in der Nähe wohnt. Der chinesische Konzeptkünstler Ai Weiwei ist zu sehen, mit Sonnenbrille und doch unverkennbar Joschka Fischer. Und auch Helmut Kohl hat hier gerne gespeist, auf dem Foto überragt er den Besitzer des Lokals und dessen Frau um zwei bis drei Köpfe. Auf jedem der Fotos ist der Chef Hsien-Kuo Ting persönlich zu sehen. Er ist die Seele des Lokals und Hüter des Nudelsuppenrezepts, nach Deutschland kam er schon als Kind. Hsien-Kuo Ting lächelt aber nicht nur auf den Fotos, sondern auch leibhaftig, denn oft (wir glauben sogar: immer) steht er höchstpersönlich hinter der Kasse. »Ich bin der Oberarbeiter«, grinst er einen an, und man glaubt es ihm sofort. Wer die »Kung Fu Panda«-Zeichentrickfilme kennt, der könnte sich bei seinem breiten freundlichen Lächeln und seiner Begeisterung für Nudelsuppen an einen der berühmtesten Nudelsuppengastronomen auf der Leinwand erinnert fühlen, an Mr. Ping, Ganterich und Adoptivvater des Drachenkriegers Po – und die ideale Verkörperung von einem Leben für die Nudelsuppe.

Hsien-Kuo Ting isst selbst am liebsten Nudelsuppe, und genau so, wie er sie mag, wird sie in seinem Lokal auch serviert. Er kommt aus einer Familie, in der immer gerne gekocht und gegessen wurde, sein Vater arbeitete eine Weile als Leibkoch des saudischen Königs Ibn Saud. Eröffnet hat Ting das Restaurant 2003, und er ist – zu Recht – mächtig stolz auf den Erfolg seines kleinen Ladens. Die Eingangstür ist beklebt mit Auszeichnungen, Empfehlungen und Prädikaten. »Dieses Restaurant gehört zu den besten Länderküchen in Deutschland«, steht da zum Beispiel, und wenn über chinesische Restaurants in Berlin gesprochen wird, dann vergisst kaum einer den kleinen schmalen Laden in der Kantstraße 33.

Lon Men's Noodle House ist kein Lokal, in dem man ewig sitzt, Firmenfeiern oder Geburtstage organisiert, sondern einfach ein Ort, an dem man richtig gut essen kann. Konsequenterweise spiegelt sich das auch in der Innenarchitektur wider: Nicht der Gastraum liegt hier vorne am Schaufenster, sondern die Küche, sodass man schon von draußen direkt auf den Herd gucken kann. An kühlen Tagen beschlagen die Scheiben, denn hier köchelt eine Art ewiger Suppenfond in einem großen Topf vor sich hin. Im Regal an der Wand stapeln sich die Nudelsuppenschalen, auf dem großen Gasherd stehen mehrere hohe Emailletöpfe, und eine Handvoll Köche choreografiert erstaunlich gekonnt umeinander herum, ohne sich dabei auf die Füße zu treten.

Der Gastraum dagegen liegt im fensterlosen Hinterzimmer. Dort sitzt man unter einem Buddha-Relief an Pressspantischen und blättert durch die lange Speisekarte, die weit mehr bietet als Nudelsuppen und Reisbandnudelsuppen, zum Beispiel gebratene Fadennudeln mit Rind oder Hähnchen, Ente kross auf Reis mit Gemüse oder Dim Sums mit Garnelen oder Fleisch – leider alles nicht in Bioqualität. Als Begleiter passen tagsüber zum Beispiel der Oolong-Tee aus Taiwan oder Eistee, abends ein Tsingtao-Bier oder ein Sauvignon blanc.

Wer das erste Mal da ist, sollte unbedingt eine der Suppen probieren, alle, wie die Speisekarte warnt, sind scharf, können aber auf Wunsch auch milder zubereitet werden. Genialerweise kann man sie in zwei Größen bestellen, als »normale« oder als »kleine« Portion, was durchaus dazu verführt, gleich zwei zu versuchen. Die Suppe kommt, dampft und duftet, garniert mit frischen Frühlingszwiebelringen, und schon der erste Löffel macht glücklich: scharf, warm, würzig und köstlich.

Der junge Chinese am Nachbartisch – Kopfhörer im Ohr, Anglerhut, weiße Turnschuhe – bestellt Seetang nach Art des Hauses und Tofu in Chili-Öl zur Nudelsuppe mit Rindfleisch und führt vor, wie man das macht: authentisch Nudelsuppe essen. Den Löffel links halten, die Stäbchen rechts, dann die Nudeln auf den Löffel schaufeln und, ganz wichtig, schlürfen. Mit Schlürfgeräusch, so gehört es sich, das tun auch die vier Chinesinnen am Tisch in der Ecke, die während des Schlürfens auch noch Handygespräche führen.

Zu den besonderen Spezialitäten gehören die Nudelsuppe mit Eisbein und die Nudelsuppe mit Ente kross, dazu bestellt man eingelegtes saures Gemüse oder geschmorte Schweineohren. Auch für Veganer gibt es inzwischen eine vielfältige Auswahl, zum Beispiel Reisbandnudelsuppe mit Sesam & Erdnusspaste und Gemüse oder gebratene vegane Maultaschen. Mitunter hat man als Gast im *Lon Men's Noodle House* das Problem, dass die Küche fast zu schnell arbeitet und zwischen Vorspeise und Hauptgericht zu wenig Zeit vergeht. Dem kann man vorbeugen, indem man »Xiaolongbao« bestellt – die berühmtesten Dumplings im Taipehs weltbekannten Dim-Sum-Tempel *Din Tai Fung*: Es sind Teigtaschen, deren Füllung von einem Schwapps aromatischer Bouillon umgeben ist; man sticht die Dim Sum mit einem Stäbchen auf einem Porzellanlöffel an, schlürft die Suppe und isst dazu die Teigtasche. Die Speisekarte warnt, dass dazu eine Vorbereitungszeit von 15 Minuten erforderlich sei. Unsere standen nach zehn Minuten auf dem Tisch. Unbedingt zu empfehlen, für uns eine der größten Köstlichkeiten des Hauses, sind auch die Wan-Tans in herrlich scharfem Chili-Öl, kleine gefüllte Weizennudeltaschen mit Schweinefleisch. Davon nehmen wir immer gleich eine Portion mit nach Hause, wenn wir nach dem Essen mit warmem Bauch und Chili auf der Zunge am Tresen beim »Oberarbeiter« Hsien-Kuo Ting persönlich bezahlen. Am nächsten Tag kann man diese Wan-Tans nämlich erfreulich schnell in der Pfanne erwärmen und sich damit ein wenig vom *Lon Men's Noodle House*-Geschmack nach Hause holen.

Lon Men's Noodle-House

Kantstraße 33 | 10625 Berlin

Öffnungszeiten: Mo, Mi–So 12–22 Uhr

Dienstag geschlossen

Keine Reservierung möglich!

Telefon: 030/31 51 96 78

www.lon-mens-noodle-house.business.site

Futterkrippe

DER PLUMPSACK
LIEGT HIER!

Grill Royal

Am Anfang stand ein Gemälde. Ein Bild des Schotten Peter Doig, eines der inspirierendsten und teuersten Maler der Welt. Ein verkrachter Student namens Stephan Landwehr, dessen 1986 gegründeter Bilderrahmenladen ihm enge Kontakte zur internationalen Kunst- und Museumsszene und folglich bald auch Reichtum bescherte, ließ einen Doig aus seiner stattlichen privaten Kunstsammlung 2007 für eine Million Dollar versteigern. Den Erlös investierte er in den Innenausbau des Kellergeschosses einer direkt an der Spree gelegenen DDR-Platte. Die Lage war einmalig: zwischen Weidendammer und Ebertbrücke an der Friedrichstraße. Mit im Boot waren der Galerist Thilo Wermke und der unter anderem im Club *Cookies* erfahrene Koch, DJ und Gastronom Boris Radczun. Ihr Plan: so etwas wie das *La Coupole* in Paris oder das Steakhouse *Gene & Georgetti* in Chicago in Berlin zu eröffnen. Ein Restaurant voll Glamour, Hipness und lockerer Weltläufigkeit. Ein Laden, der Klaus Wowereits Spruch von 2003, Berlin sei »arm, aber sexy«, frech ins Gesicht lacht. Was auch immer man gegen den *Grill Royal*, von Stammgästen auch gern »das Grill« genannt, einwenden kann: Der Plan ist spektakulär aufgegangen. Mehr als das. Wo Wolf Biermann einst den preußischen Ikarus auf der Weidendammer

Brücke herzte und das wenige hundert Meter entfernte *Ganymed* – übrigens auch heute wieder eine wohltuende Alternative zum Chichi des *Grill Royal* – zu DDR-Zeiten Weltniveau simulierte, posaunt der *Grill Royal* seit 2007 kackfrech sein ewig gültiges Motto unter die Leute: Der Plumpsack liegt hier!

Mit dem *Grill Royal* fand die Schickeria in Berlin ein Zuhause. Insofern ist es durchaus kein Zufall, dass diese Intention schon im Namen des neuen Restaurants mit anklang, der an Helmut Dietls und Patrick Süsskinds legendäre Fernsehserie aus den 80ern »Kir Royal« erinnert. Der Münchner Klatschkolumnist Baby Schimmerlos scheitert in Folge eins mit dem Titel »Wer reinkommt, ist drin« mit seinem journalistischen Ethos an den schnöden Realitäten des Eine-Hand-wäscht-die-andere-Prinzips. Am Ende muss er nicht nur über den provinziellen Generaldirektor Haffenloher, einen Zahnarzt und den Handwerksmeister schreiben, der ihm dafür einen guten Preis für einen neuen Boden in seiner Wohnung macht, sondern sogar noch die Fotos der auf den Tischen tanzenden Gästen einen Tag später komplett neu inszenieren, damit alle, die drin sein wollen, auch wirklich drauf sind. Anders aber als es Schimmerlos im *Champs Elysées* erfährt, fühlt sich ein Besuch im *Grill Royal* nie wie eine Inszenierung an. Ganz im Gegenteil: Im unverhüllten Willen zum Eigennutz, zu Networking und Buddy-Culture ist das *Grill Royal*, Weidegrund all der Start-up-Gründerinnen und Schauspieler, Werberinnen, Musiker, Influencerinnen, Galeristinnen, Kuratoren und Künstlerinnen, einer der authentischsten Orte der Stadt. Wir müssen reumütig einräumen, das politisch korrekte Gendern der Gästegruppen ist an dieser Stelle eigentlich falsch: Denn der *Grill Royal* ist seiner Speisekarte nach eines der männlichsten Restaurants, das wir kennen. Natürlich kann man sich an den oft beschriebenen Kopfsalat mit Kräuterdressing zu neun Euro halten, die tatsächlich sehr leckere Burrata aus Brandenburg mit gegrillter Zucchini, Salbei und Piemonteser Haselnüssen zu 16 Euro oder das als Tagesspezialität angebotene Zucchini-Mille Feuille mit Pilz-Duxelles und schwarzem Reis zu 24 Euro. Aber machen wir uns nichts vor, typischere Gerichte für den *Grill Royal* sind das T-Bone-Steak vom Omaha Natural Angus zu 115 Euro, das American Porterhouse vom selben Erzeuger zu 165 Euro, Filet vom Kobe Beef pro 100 g zu 150 Euro, ganzer kanadischer Hummer vom Grill zu 69 Euro, Beilagen und Saucen extra. Schön, der *Grill Royal* ist nun mal ein Steakhaus und kein Ayurveda-Retreat, und zumindest ist die Karte mit den Jahren ein klein wenig zugänglicher geworfen für Menschen, die es nicht mit der Devise des großen Dr. Johnson halten, wonach die beste Beilage zu einem Kotelett ein zweites Kotelett sei.

Reifeschränke für Rindfleisch sind denn auch der Blickfang für die Gäste im Innenraum. Allerdings starren die meisten statt auf das am Knochen abhängende US-Beef lieber auf die beiden an den Wänden hängenden weiß-rosaroten Neonskulpuren überlebensgroßer Vulven. Küchenchef im *Grill Royal* ist der Belgier Roel Lintermans, der unter anderem bei Alain Ducasse und Pierre Gagnaire ausgebildet wurde; Urim Bytyci ist für den alles entscheidenden Grill zuständig.

Viele, sehr viele sehr prominente Namen muss nennen, wer die Besucher des *Grill Royal* beschreiben will. Das ist uns zu billig. Wer mag, kann unter Google News die aktuellen Berühmtheiten finden, die sich im *Grill Royal* amüsieren. Unsere Lieblingsanekdote über den *Grill Royal* ist der Abend, an dem wir einen erfolgsverwöhnten, aber gleichwohl gesellschaftlich unsicheren deutschen Schriftsteller auf seinen expliziten Wunsch dorthin einluden. Die Rechnung war in diesem Fall jeden Cent wert, einfach weil der unerwartete Amüsementfaktor so hoch war. Der Schriftsteller ließ sich im vertraulichen Gespräch bei Bouillabaisse und australischem Wagyu-Entrecôte darüber aus, wie eng und herzenstief seine über Jahrzehnte gewachsene Bindung zu »dem Helge« sei, Cheflektor seines Verlags. Dies aber führte offenbar zu einem dissonanten Missklang in den Ohren eines neben uns sitzenden deutschen Nachwuchskabarettisten mit eigenen Buchveröffentlichungsambitionen, dem vor Eifersucht irgendwann der Kragen platzte und der sich lautstark in unser Gespräch einmischte. »Der Helge«, so wurden wir belehrt, habe wenn schon ihn als allerliebsten Lieblingsautoren erkoren, unser Gast sei allerhöchstens einer törichten Liebesillusion aufgesessen. Eine Szene wie aus einem Thomas-Bernhard-Roman. Genau so stellen wir uns Hollywood vor. Und weil der *Grill Royal* nicht nur bisweilen solche Szenen liefert, sondern überraschenderweise auch kulinarisch kein Talmi im Angebot hat – zum Beispiel mit seiner Plateau de fruits des mer mit Austern, Königskrabbe, Grünschalenmuschel, Rotgarnele, Nordseekrabben, Strandschnecke, Calamaretti, Oktopus, kanadischem Hummer und Tristan Languste zu stattlichen 188 Euro für zwei Personen, die außerhalb von Deauville/Trouville schwerlich in dieser Qualität erhältlich ist –, deshalb zählt der *Grill Royal* zwar nicht zu unseren Lieblingslokalen, aber trotz allem definitiv zu den Berliner Restaurants, in denen man mal gewesen sein muss. Längst hat sich aus dem *Grill Royal* ein Berliner Gastroimperium entwickelt. Aus dem ursprünglichen Gründertrio schied Thilo Wermke bald schon aus, doch Landwehr und Radczun bildeten ein dynamisches Duo, das den *Grill Royal* binnen kurzer Zeit ganz nach vorn brachte; 2016 verstärkten sie sich mit dem jungen Schweizer Moritz Estermann.

Das für uns Verblüffendste am *Grill Royal* ist, dass ausgerechnet auch die Wurzeln dieses für die Berliner Republik und ihren neuen Wohlstand stehenden Restaurants zurückreichen zu Ingrid und Oswald Wieners altem Westberliner Kultlokal *Exil*. Dort hat Stephan Landwehr zu Anfang der 80er-Jahre erlebt, dass Kunst und Kulinarik Hand in Hand gehen können. Dort hat er sich den »Gastro«-Virus eingefangen. Dort wurde der Perlsamen für eine Karriere als Gastronom gelegt, die inzwischen einige der interessantesten Adressen Berlins umfasst. Dazu zählen das *Kin Dee* in der Lützowstraße 81, das die Finesse der Thai-Küche zelebriert. *Le Petit Royal*, mit dem die Investoren den Sprung in den alten Westen in die Grolmannstraße 59 wagten, eine Brasserie-Küche anbieten und wo das Dutzend der gleichen Fine-de-Claire-Austern Pléiade Poget N° 3 wie im *Grill Royal* für 56 Euro, also für 16 Euro weniger als in Mitte, zu haben sind. Und seit 2016 auch die Filialen des *Café Einstein*, dessen Stammhaus in der Kurfürstenstraße hauptsächlich als bei Politik, Prominenz und Journalismus beliebtes Frühstückscafé bekannt ist, das aber auch mittags und abends offensteht. Am meisten überrascht hat uns, dass mit *Freundschaft* in der Mittelstraße 1 von Willi Schlögl und Johannes Schellhorn eine der angesagtesten Bars in Berlin zum *Grill-Royal*-Imperium von Stephan Landwehr, Boris Radczun und Moritz Estermann gehört. Die Familie Schellhorn betreibt mit dem *Seehof Goldegg* eines der schönsten Hotels Österreichs, das eine besondere Wertschätzung für Thomas Bernhard und die »Suhrkamp Culture« zelebriert, Stipendien für Schriftsteller ausschreibt und mit einem Bouleplatz und seiner ebenso gelassenen wie herausragenden Regional-Küche im Hotelrestaurant *Hecht* einen kulinarischen Leuchtturm im Salzburger Land etabliert hat.

Wer die Treppe von der Friedrichstraße zum Eingang des *Grill Royal* herabgeht, blickt auf eine Kunstinstallation von Claire Fontaine, die in Neonbuchstaben verkündet: »Capitalism kills love«. Ist dem so? Wir sind uns da nicht ganz so sicher. Andererseits aber überzeugt uns dieser Satz nirgendwo so sehr wie im *Grill Royal*.

Grill Royal

Friedrichstraße 105b | 10117 Berlin

Öffnungszeiten: Mo – So ab 17 Uhr

Reservierung: 030/28 87 92 88

www./grillroyal.com

DER BAUCH VON BERLIN

BSR-Kantinen

Woher kommt eigentlich diese Unsitte, sich zur Mittagszeit mit »Mahlzeit« zu begrüßen? Das klingt angestaubt und hemdsärmelig, nach Maggi und Mehlschwitze, auf jeden Fall nicht nach einem bevorstehenden Essen, auf das man sich freut. Deshalb haben sich schon Loriot und Gerhard Polt in ihren Kinofilmen über diesen Schlachtruf des deutschen Kulinarikspießers lustig gemacht. Der Gruß »Mahlzeit« ist eigentlich nur noch die eine Hälfte des ursprünglichen Wunsches, der einmal »Gesegnete Mahlzeit« hieß. Die Säkularisierung hat sich auch auf den Mittagsgruß ausgeweitet – das religiöse Adjektiv wurde irgendwann weggelassen. Und heute ist das schlichte »Mahlzeit« aus der Zeit gefallen und klingt nicht einmal mehr höflich.

Wir kennen aber einen Ort in Berlin, an dem man sich bedenkenlos, mit offenem Herzen und leerem Magen in die kumpelhafte Mahlzeitkultur stürzen kann und am Ende – versprochen – fröhlich und satt und zufrieden wieder herauskommt. Und das auch noch für kleines Geld. Man kann ziemlich sicher sein, dass man dort von mindestens zwei, drei Leuten mit »Mahlzeit« begrüßt wird, da muss man dann eben durch. Der Rest ist gold, äh, orange. Die Rede ist von der Kantine der Berliner Stadtreinigung.

Kantine?

Oh ja! Sich durch Kantinen in Berlin zu futtern ist ein großer Spaß. Erstaunlich viele Großküchen, viel mehr, als man denkt, sind öffentlich. Und nirgends lernt man die Hauptstadt besser kennen als dort, wo so viele sich mittags ernähren. Sozusagen von innen heraus und viel intensiver, als wenn man tagelang die Sehenswürdigkeiten abklappert. Wo die Leute vom Arbeitsamt, Finanzministerium und dem TÜV essen, wo Studierende zwischen Seminaren ihren Hunger stillen, da schlägt der Puls der Stadt, da sitzt man mit echten Berlinerinnen und Berlinern zusammen, da wird einem die Seele der Stadt auf dem Plastiktablett serviert.

Kantinenessen haftet jedoch nach wie vor ein schlechter Ruf an, den man wie penetranten Zwiebelgeruch einfach nicht loswird: pampige Kartoffeln, übergartes Gemüse, trockenes Fleisch, fettige Panaden, unglaublich uninnovative vegetarische Gerichte, die bei jedem Bissen nach Ersatz schmecken. Zum Glück zeichnet sich ein grundlegender Wandel ab: Die Berliner Senatsverwaltung hat sich das Ziel gesetzt, Großküchen zu pimpen, und steckt einiges an Finanzmitteln in dieses Vorhaben – mehr bio, mehr lecker.

Eigentlich ein Wunder, dass das Kantinenessen erst so spät zum Politikum geworden ist, die Rechnung ist doch ganz einfach: Wer schlecht isst, ist schlechter drauf. Das ist common Sense, und alle naselang hat es jemand mal wieder neu formuliert, u. a. der Philosoph Friedrich Nietzsche in »Jenseits von Gut und Böse«, dem damals allerdings noch keiner gesagt hatte, dass nicht nur Frauen in der Küche stehen können: »Durch schlechte Köchinnen – durch den vollkommenen Mangel an Vernunft in der Küche ist die Entwicklung des Menschen am längsten aufgehalten, am schlimmsten beeinträchtigt werden: Es steht heute selbst noch wenig besser.«

Man kann sich einen Spaß und Sport daraus machen, Berlin vom Kantinentisch aus zu erleben. Die Liste der interessanten öffentlichen Mittagstische ist lang: Da sind die Theaterkantinen im »Berliner Ensemble« oder in der »Volksbühne«, die hippe *Eastside Kantine* bei »Universal« an der Spree, beim TÜV, die Kantine im zehnten Stock des Rathauses Kreuzberg mit Blick auf die Stadt, die *Chipperfield Kantine* in Mitte, die zum berühmten David Chipperfield Architekturbüro gehört, und natürlich die Mensen der Universitäten – in der Freien Universität in Dahlem punktet *Veggie No. 1* mit rein vegetarischer Küche.

Der Bauch der Stadt jedoch ist die *BSR-Kantine* beziehungsweise die *BSR-Kantinen*, denn es gibt mehrere davon, quer durch die Stadt verteilt, u. a. in Spandau, Charlottenburg, Britz, Tempelhof und Friedrichshain. Hier essen jene, die dafür sorgen, dass Berlin nicht im Müll erstickt, also mit die wichtigsten Menschen der Stadt. Und sie essen gut.

Müllmann sein – nach wie vor gibt es wenige Frauen in dem Beruf –, das war lange nicht besonders cool. Ein Dokument dafür ist zum Beispiel das Lied »Der Müllmann« des berühmten Kinderliedermachers Fredrik Vahle. Das Lied ist Teil des Albums »Der Elefant – Lieder in unserer und in Eurer Sprache« von 1981. Weil Fredrik Vahle erstmals mit Türkisch und Deutsch sprechenden Kindern zusammenarbeitete und sich ebenso sympathisch wie hemmungslos tabuisierte Themen wie Erziehung, Krieg, Emanzipation und Rassismus vorknöpfte, war er maßstabsetzend in der Kindermusik. »Der Müllmann« handelt vom Gastarbeiter Mustafa, der hinten auf dem Müllwagen steht und immer pünktlich da ist, wenn »der Müll zu viel ist«. Doch da ist der »Oberamtmann Stroh«, der ihn rassistisch beschimpft und beleidigt, bis er zur Einsicht kommt: »Aber eines Tages kam die Müllabfuhr / gar nicht wie gewöhnlich / Ja, was war da nur? / Ja, die machten einen Streik für gerechten Lohn / und das merkte Amtmann Stroh nach drei Tagen schon«. Angesichts der Müllberge beschließt Stroh, mit Mustafa eine Tasse Tee zu trinken, wenn er doch noch kommen sollte. Arg didaktisch ist das, vor allem aus heutiger Sicht, aber damals war es bahnbrechend, als Zeichen gegen Rassismus, Fremdenhass und Ressentiment gegen einzelne Berufsgruppen.

Wie kein anderes Unternehmen haben es die Berliner Stadtreinigungsbetriebe in den vergangenen Jahren geschafft, ihr Image und das ihres Berufsstandes zu verwandeln. Sie haben dafür viel Geld für zahlreiche Werbekampagnen ausgegeben, aber es hat sich gelohnt. Wo man in Berlin auf Fahrzeuge der BSR trifft oder auch einfach nur auf einen Mülleimer, ist Zeit für gute Laune. Das liegt an den gelungenen poetischen und herrlich ironischen Slogans. »Fegaro« steht zum Beispiel auf den kleinen Kehrautos oder, am bekanntesten, »We kehr for you«. Auf dem Flaschenwagen steht »Leerkraft«, auf den verschiedenen Müllautos »Wasserati«, »Kehrrari« oder »Mülltitalent«. Und jeder einzelne leuchtend orangene Mülleimer der Stadt ist ein kleines Sprachspiel: »Eimer für alle«, liest man da, »Putzdamer Platz«, »Corpus für alle delicti« oder »Krassere Öffnungszeiten als dein Späti«.

Die Zufriedenheit der Mitarbeiterinnen und Mitarbeiter hat das nachhaltig verbessert, und da sie zusätzlich auch noch ordentliche Mittagsküche bekommen, ist der Job in Orange gar nicht mehr unbeliebt. »So orange ist nur Berlin« ist der Claim, und nicht nur Kinder freuen sich diebisch, wenn die Dienstleister in Orange anrücken und oft ein paar Witzchen machen, während sie die schweren Tonnen zum Wagen rollen.

Es ist fast noch ein Geheimtipp, dass man in den *BSR-Kantinen* mitessen darf, dabei ist das Essen meistens sehr lecker und immer annehmbar. Inzwischen werden die Großküchenbetreiber der BSR von der *Kantine Zukunft* geschult, einem Bildungsträger, der 2019 in Räume der Kreuzberger *Markthalle Neun* (S. 187) zog – die Gastroszene in Berlin ist letztlich eine große Familie, das dehnt sich mittlerweile bis in die Kantinen aus. »Mahlzeit«, wünschen die freundlichen Männer in Orange, wenn man eintritt, die Köchinnen und Köche an der Essensausgabe noch mal, »Mahlzeit«, und dann kann man wählen, an einem normalen Wochentag zum Beispiel zwischen Kürbissuppe mit Röstbaguette, Klopse »Königsberger Art« aus artgerechtem Rindfleisch mit Kapernsauce und Kartoffeln aus nachhaltigem Anbau und Vegetarischem Burrito mit Ratatouille und Reis, Schmand und Salatbeilage. Als Externer zahlt man mehr, aber die Preise sind dennoch moderat, die meisten Gerichte kosten um die sechs, sieben Euro. Nur wenn man im Einkauf Teureres anbietet, so etwas wie »Halbe Entenbrust mit Kroketten und Brokkoligemüse«, kostet es auch mal 9,40 Euro. Aber wo bekommt man schon eine Entenbrust für knapp zehn Euro?

Klar, das Ambiente ist eher schlicht. Funktionale Tische, gekachelter Fußboden, eher Neon als Licht. Aber die Männer und wenigen Frauen an den Nebentischen lassen sich gerne auf ein Gespräch ein, auch der Kaffee ist für Kantinenverhältnisse gut. Fazit: Zu den Kehrseiten der Hauptstadt gehören die *BSR-Kantinen* keinesfalls. Und wenn man rausläuft und wieder einer »Mahlzeit« wünscht, dann fällt es einem gar nicht mehr auf, vielleicht rutscht einem sogar selbst eines heraus. Mahlzeit!

BSR-Kantinen

Standorte und aktuelle Speisepläne unter

www.bsr.de/betriebsgastronomie.

Täglich geöffnet von 5-14 Uhr

Innovatoren

NATUR IM GLAS

Velvet

Und dann sitzt man da am Tresen und hat plötzlich Tränen in den Augen. Wie lange hat man das während der Pandemie vermisst. Einfach unter Leuten sein. Die Gesprächsfetzen. Das plötzlich aufperlende Lachen. Die Fröhlichkeit unmaskierter Gesichter. Zurückgelehnt auf einem bequemen Hocker an einer hohen Theke. *A clean and well-lighted place.* Allein in einer guten Bar.

Das *Velvet* in Neukölln ist eine gute Bar. Obwohl erst 2017 gegründet, wurde sie vom Branchenfachmagazin »Mixology« bereits im zweiten Jahr ihres Bestehens zur »Bar des Jahres« gewählt, und dies wird niemanden verwundern, der je an ihrem griffigen Eichentresen saß und einen der zehn wöchentlich wechselnden Drinks auf der Karte gekostet hat. Eine Bar in Deutschland, das ist allzu oft noch ein Ort, wo maximal drei, vier Industriespirituosen und -säfte lieblos zusammengeschüttet und als Cocktail teuer verkauft werden. Das schiere Gegenteil ist das *Velvet*. Maximal 55 Gästen bietet es an Zweier- oder Vierertischen und an der Bar Platz. Ein Drink kann schon mal zwölf oder dreizehn Komponenten enthalten – in jedem Fall wird er einen in bislang unbekannte Aromenwelten entführen. »Saisonale Sirups, Liköre & Extrakte sind allesamt hausgemacht«, verkündet das *Velvet*-Menü mit berechtigtem Stolz.

»Wöchentlich wechselnde Karte, basierend auf Pflanzen des Berliner Umlands.«

Die Devise des *Velvet* lautet: *»From farm to shaker.«* Wobei das noch etwas unpräzise ist, denn rund ein Drittel der im *Velvet* verwendeten Pflanzen, Kräuter, Früchte, Pilze, Wurzeln und Blüten wachsen wild, das *Velvet*-Team sammelt sie in den Parks der Stadt und in Brandenburg selbst. Ziel ist, aus der Natur in der Umgebung Berlins Cocktails zu machen und die Saisonalität ins Glas zu bringen. Mit anderen Worten: Das *Velvet* überträgt das immer mehr Anklang findende Gastromotto »Brutal lokal – brutal saisonal« auf den Barbereich. Und genau wie die Berliner Spitzengastronomie, etwa das wesensverwandte *Nobelhart & Schmutzig* (S. 164) oder das *Rutz* (S. 89), versucht man im *Velvet*, mit den Erzeugern ins Gespräch zu kommen, von deren Wissen zu profitieren und umgekehrt Erfahrungen und Wünsche an die Bäuerinnen und Bauern heranzutragen.

Bei unserem letzten Besuch im *Velvet* Ende September 2021 standen folgende Drinks zur Auswahl: »Mirabellenwein«, »Apfel«, »Tulsi«, »Eberesche«, »Paprika Nr. 3«, »Zwetschge«, »Salbei«, »Amaretto Sour«, »Estragon« und »Shiso«. Tulsi, so belehrte uns die wunderbar ironisch geschriebene Karte, ist eine ayurvedische Basilikumsorte, die »durch ein prägnantes Cola-Nelken-Aroma« auffalle, während sich hinter dem Drink »Apfel« ein Cocktail aus Roggenwhiskey, Gravensteiner Apfel, Zitronensäure, Amontillada Sherry, Pastis und Pale Ale verberge, oder in der unüberbietbar ehrlichen Beschreibung der Cocktailkarte: »sauer, herb & fruchtig – mit reichlich Würze aufgemotzte Apfelschorle«.

Da wir Mirabellen lieben, uns Obstweine aufgrund ihrer klebrigen Süße aber meistens einen Schauder über den Rücken jagen, stürzen wir uns auf den Cocktail mit den, wie die Karte

vermerkte, »von Isak Gumpert, Brandenburg« angebauten Mirabellen, der mit Mirabellenbrand, Wermut und Jasmin gemixt
und auf der Karte angekündigt wurde als »weinig, elegant & trocken – Fruchtwein wird durch gärungsbedingte Trockenheit so
spannend. Obst, das wir süß kennen, kommt plötzlich zucker-
arm daher.« Der Drink ist eine Offenbarung. Es ist eine Kombination von der Trockenheit eines Sherrys und der herben Sinn-
lichkeit eines guten Birnenmosts. Ein Traumstart. Nie wollen wir
je wieder etwas anderes trinken als Mirabellenwein im *Velvet*.

Daraus wird leider nichts. Die *Velvet*-Karte wechselt wöchentlich, und zwar immer mittwochs. Denn der Dienstag ist der
»Lab Day«, der Tag, an dem das zurzeit fünfköpfige Bartender-
team um Filip Kaszubski und Ruben Neideck Bilanz zieht über
das, was gesammelt wurde, was die Erzeuger angeliefert haben,
und nicht zuletzt, was die Betreiber der Kreuzberger *Markthalle
Neun* (S. 187) an Früchten und Kräutern im Angebot haben.
Dann verwandelt sich das *Velvet* in ein Chemielabor, und ein
technischer Gerätepark tritt in Aktion, den man eher in einem
auf Molekularküche spezialisierten Restaurant erwarten würde
als in einer Bar. Das *Velvet* verfügt nicht nur über einen Thermomix, sondern auch über Dehydratoren, Zentrifugen, Ultra-
schallbäder, Sous-vide-Garkocher, Sloe Juicer, Vakuumierer,
einen Rotationsverdampfer, eine Osmoseanlage, und natürlich
muss auch eine Flasche Flüssigstickstoff zur Grundausstattung
zählen. Eigentlich fehlt nur noch die berühmte »Maschine, die
ping! macht«, aus dem Monty-Python-Sketch. Immer dienstags
überlegt sich die Bar-Crew des *Velvet*, wie sie mithilfe ihres beachtlichen Geräteparks das Beste aus dem herausholen kann,
was ihnen die Natur in der Saison zur Verfügung stellt. Und be-
hält dabei auch im Hinterkopf, wie durch Prozesse der Fermen-

tation, des Einweckens, Trocknens oder anderer Techniken etwas vom Füllhorn der Beeren- und Obstzeit in die kargen Berliner Wintermonate hinübergerettet werden kann. Im Jahreskreislauf verarbeitet das *Velvet* zwischen 150 und 200 verschiedene Kräuter, Obstsorten, Blüten, Wurzeln und Beeren – aber eben immer nur kurze Zeit: Saisonalität und Reife sind Trumpf. Spektakulär sind etwa Kreationen mit jung geernteten Zapfen von Kiefer, Birke und Fichte, aber auch, was das *Velvet* aus Sanddorn, Waldmeister oder Feigenblättern macht, muss man probiert haben.

Das wirklich Erstaunliche am *Velvet* ist, dass aus diesem ganzen Aufwand und dieser skrupulösen Vorgehensweise sich überhaupt nichts überambitioniert Nerdiges auf die Atmosphäre in der Bar überträgt. Wer unbedingt einen langweiligen Standardcocktail trinken will, wird ebenso freundlich bedient wie die Liebhaber eines gepflegten Craft Beers. Was nicht heißt, dass die Bar-Crew nicht stolz auf ihre Kreationen ist und vor wissbegierigen Ohren ihre Kenntnisse und Erfahrungen gern und detailliert ausbreitet.

Bars gibt es in Berlin wie Sand am Meer. Durchaus auch besondere und herausragende – etwa der traditionsreiche *Rum Trader* in Charlottenburg mit seinem ebenso wortgewandten wie kurzweiligen Gastgeber Gregor Scholl hinter dem Tresen, der auch ein beachtlicher moderner Komponist ist. Oder das noch kleinere und exklusivere *Buck and Breck* in der Brunnenstraße 177 in Mitte, das gerade mal 14 Gästen Platz bietet. Auch Damien Guichards *Truffle Pig* in der Reuterstr. 47, der das *Velvet* mitgegründet hat, *Becketts Kopf* in der Pappelallee 64 in Prenzlauer Berg oder die von den österreichischen Sommeliers Willi Schlögl und Johannes Schellhorn gegründete Weinbar *Freund-*

schaft in der Mittelstraße 1 direkt neben der Humboldt-Bibliothek. Wir trafen im *Velvet* zufällig den Barkeeper des gerade schwer angesagten *Kink*, das sich an einer Fusion von Bar, Club und Restaurant im Kollwitzkiez versucht. »Das *Velvet*«, so der neidlose Kollege, »markiert die Spitze der Barkultur in der Hauptstadt. Die Drinks hier besitzen Finesse und Eleganz.« Was kann es Schöneres geben, als trinkend die Natur zu entdecken? Nature Writing ist zurzeit der Megatrend in der Literatur weltweit. Nature Drinking wird es in der Barszene werden.

Velvet
Ganghoferstraße 1 | 12043 Berlin
Öffnungszeiten: Mi – Mo 19 – 2 Uhr
Reservierung: 0163/460 50 31
www.velvet-bar-berlin.de

2300 JAHRE
EXPERIMENTIEREN

Mimi Ferments

Unser Lieblingsladen in Berlin liegt in Moabit in der Stephan-straße 24. Ihn zu betreten ist mitunter ein kleines Abenteuer. Die Klingel funktioniert nicht, und je nachdem, was das Personal in den rückwärtigen Werksträumen gerade beschäftigt, geht im Lärm der Schufterei und in den Tagträumen das Klopfen der Kundschaft auch schon mal unter. Dennoch muss sich Markus Shimizu um den Absatz seiner Produkte keine Sorgen machen. Inzwischen ist fast die gesamte Spitzengastronomie Deutsch-lands bei ihm Kunde, die Berliner sowieso. Uns gab den Tipp, einmal bei *Mimi Ferments* vorbeizuschauen, ein begeisterter Tim Raue, für dessen asiatisch inspirierte Gerichte *Mimi Ferments* wichtige Zutaten liefert. Aber auch das *Facil* (S. 214), das *Lode & Stijn*, das *Nobelhart & Schmutzig* (S. 164), das *eins44* (S. 204), das *Tulus Lotrek* (S. 221), Dieter Müller im *Ritz Carlton Pots Restau-rant*, das mit einem Michelin-Stern ausgezeichnete Thai-Restau-rant *Kin Dee*, das gar mit drei Michelin-Sternen glänzende *Rutz*, das *Cookies Cream* (S. 49) und das vegane Zero-Waste-Re-staurant *Frea* kaufen hier. Mehr Zuspruch geht nicht.

Allergien standen am Anfang von Markus Shimizus Beschäf-tigung mit der Fermentation. Als Teenager – der Sohn eines Ja-paners und einer Deutschen ist in Japan geboren und aufgewachsen – litt er unter einigen Lebensmittelunverträglichkeiten und stieg auf eine vegane Diät um. Das half. Geblieben ist ein begeistertes Interesse an der Fermentation in all ihren Erscheinungsformen – oder müsste man im Fall Shimizus nicht eher von einer Obsession sprechen? Als Achtjähriger zog Markus Shimuzu mit seinen Eltern nach Holland und kam mit Anfang zwanzig zum Kunststudium nach Berlin. Um die Jahrtausendwende begann er, privat zu fermentieren. Nach und nach fanden seine Produkte im Freundes- und Bekanntenkreis immer mehr Anklang – so viel Anklang, dass es in seiner Wohnung inmitten all der Fermentierbottiche bald zu eng wurde und Shimuzu nach einem Gründercoaching 2016 beschloss, sein Hobby zum Beruf zu machen.

Markus Shimizus seit 2017 bestehendes Ladengeschäft ist eine Mischung aus einigen Verkaufsschränken in ultracoolem Design, Understatement signalisierenden Holzregalen und dem Labor eines modernen Alchimisten. Dicht an dicht stehen in den Lagerregalen Fässer, Gläser, Kolben und tiegelartige Gefäße, verschlossen mit gläsernen und hölzernen Deckeln oder sorgfältig verknoteten Leintüchern. Sämtliche Behältnisse tragen handgeschriebene Etiketten mit wunderlichen Aufschriften wie »Soba Shiro Tamari 20.08.2021 #497«, »Gewürzmischung Kombucha 16/06/21«, »Tulsi Chai Kombucha 18/06/21«, »Amazake-Zitronen Kombucha«, »850 Rye Bread, 150 Water, 60 gr Salt, 24/11/20« oder »Salzzitronen TEST 7.4.«, »Pilz Garum 23.10.20 #248«, »Whiskey 11.05.21«, »Forellen Gerste Garum 23.10.20. #249«, »Kartoffel-Miso 18.12.20 #279«. Eine Zaubererwerkstatt.

Fermentieren heißt, ein Lebensmittel durch Einwirkung von Mikroorganismen in irgendeiner Weise zu verändern. Natürlich geschieht dies, um den ursprünglichen Geschmack zu verbessern oder auch einen ganz neuen Geschmack zu erzeugen. Enzyme lassen Lebensmittel unter weitgehendem Ausschluss von Sauerstoff, also anaerob, reifen. Das geschieht etwa bei der Fermentierung von Kaffee- und Kakaobohnen oder bei der Käsereifung. Die europäischen Küchen kennen diese Technik aber auch bei der Herstellung von Sauerkraut und Sauerteig, eingelegten Oliven, Essiggurken, Schinken oder Salami. Längere Ketten von Kohlenhydraten, Proteinen oder Fetten werden durch die einwirkenden Enzyme aufgebrochen, zerstückelt und dadurch Geschmack und Textur der Lebensmittel verändert.

Die Küche Asiens kennt ein regelrechtes Fermentationswunder: den Schimmelpilz *Aspergillus oryzae*. Eigentlich ist es eine ganze Schimmelpilzfamilie mit zahlreichen Nebenlinien, aber *Aspergillus oryzae* ist der bekannteste. *Aspergillus oryzae* wäre der ideale Gimmick in einem »Yps«-Heft der 70er-Jahre gewesen. Dieser Schimmelpilz braucht für sein segensreiches Werk gerade mal rund 48 Stunden, benötigt dafür aber eine möglichst konstante Temperatur von 42 Grad Celsius und schafft in dieser Zeit etwas, das absolut unvergleichlich ist: Er spaltet die im Getreide enthaltene Stärke und das Protein auf und bedeckt sein Substrat, meist Reis oder Gerste, mit einer dichten weißen Flaumdecke. Dabei erzeugt er, insbesondere durch die Aufspaltung von Proteinen in Aminosäuren, den heiß ersehnten Umami-Geschmack, jene Vollmundigkeit, die bei vegetarischen Gerichten so schwer zu erlangen ist.

Sojasaucen , Miso-Pasten und alle auf der Fermentation von Reis basierende Getränke wie etwa Sake oder der Reiswein Mirin arbeiten mit verschiedenen Schimmelpilzen wie *Aspergillus oryzae*. Für die erste Stufe der Fermentation des Substrats hat sich im Japanischen seit dem 8. Jahrhundert der Begriff »Kōji« eingebürgert. Entdeckt wurde dieses Wunder der Natur aber nicht im Land der aufgehenden Sonne, sondern im Reich der Mitte. Erstmals erwähnt die Lebensmittelzubereitung mit dem Schimmelpilz dreihundert Jahre vor Christus das Buch »Die Riten der Zou«, das zu den sogenannten Neun Klassikern der chinesischen Literatur zählt. Doch keine Landesküche hat eine derartige verfeinerte Vielfalt im Einsatz des Kōji entwickelt wie die japanische.

Mit dem binnen zweier Tage erzeugten Koji lässt sich in der Küche schon spannend arbeiten: Man kann daraus unter Zugabe von Wasser und Salz eine »Shio Koji« genannte Marinade herstellen, die Gemüse, Fisch, Geflügel oder Fleisch würzt und gleichzeitig zart und mürbe macht. Ideal ist die Kochtechnik, nach dem bis zu zwei Tage langen Marinieren zu grillen.

Der Koji ist allerdings nur Stufe eins für die allermeisten Produkte, die Markus Shimizu von *Mimi Ferments* herstellt. Als Erstes lässt er das Getreide einweichen, dämpft es dann und kühlt es auf Handtemperatur ab. Er fermentiert seinen Koji in traditionellen Holzkisten für exakt 44 Stunden. Stufe zwei bei der Produktion von Sojasaucen und Miso-Pasten besteht dann in der Vermischung mit den fünf Stunden eingeweichten, gedämpften und gewolften Sojabohnen und Salz sowie in der anschließenden Reifung. Und diese Reifephase hat es in sich, denn sie kann von wenigen Monaten bis zu fünf Jahren dauern. Shimizu verwendet dazu Rotwein-Barriques oder Eichenfässer, die eine Erstbelegung mit Whiskey oder Rum hinter sich haben. Miso-Fermentation ist ein bisschen wie Bierbrauen. Die Zutaten sind zwar immer dieselben, aber je nach Dauer kann das Ergebnis völlig anders ausfallen.

Mit bloßen kulinarischen Modetrends wie den als sogenannte Superfoods vermarkteten Avocados, Grünkohl, Chia-Samen,

Açai-Beeren oder Goji-Beeren hat Miso nichts zu tun. Wer einmal dem Charme von Miso-Pasten erlegen ist, wird sie bald nicht mehr aus seiner Küche wegdenken mögen. Miso ist wirklich universell einsetzbar, macht sich in Pastasaucen genauso selbstverständlich gut wie in Salatdressings oder Suppen, als Miso-Butter, Miso-Karamell oder als Miso-Eis. »Misozuke« heißt das Verfahren, Grillgut wie Tofu, Gemüse, Fleisch, Geflügel oder Fisch in Miso über Tage zu marinieren; das marinierte Gemüse wie Bohnen, Karotten oder Gurke kommt als »Tsukemono« auf den Tisch.

Außergewöhnlich an Fermentiermeister Markus Shimizu ist, dass er sich nicht mit den traditionellen japanischen Zutaten begnügt. *Aspergillus oryzae* funktioniert eben gerade nicht nur mit Reis oder Gerste als Substrat! Shimuzu arbeitet regelmäßig etwa auch mit Buchweizen, experimentiert aber in Zusammenarbeit mit der internationalen Sternegastronomie mit den wildesten Kombinationen: Nudeln, Brot, Kartoffeln, Mehl, Süßkartoffeln, Fleisch – die Welt des Koji ist absolut grenzenlos und unauslotbar. Zumal der alles entscheidende Faktor Zeit bei der Reifung ganz erstaunliche Wirkung entfaltet: Was nach wenigen Wochen im Holzfass noch kaum genießbar schmeckt, kann nach einigen Jahren unbeschreiblichen Wohlgeschmack entfalten und Saucen und Gerichten eine herzhafte Tiefe, Breite und Komplexität verleihen, die man insbesondere bei vegetarischen Saucen anders nicht erreicht.

Zur Zeit hat *Mimi Ferments* rund 25 Produkte im stets wechselnden Angebot, darunter unterschiedlich stückige helle und dunkle Misos, etwa ein unglaublich filigran schmeckendes Lupinen-Brot-Miso, eine Koikuchi-Shoyu-Sojasoße mit Einkorn, ein im Steinguttopf fermentiertes Douchi mit Spreewaldlinsen statt Sojabohnen, Soba shiri amari, eine helle, im Eschefass fermentierte Sojasauce, die gut zu Spargel oder Blumenkohl passt, Holunderblüten-Amazake, eine süß fermentierte Reispaste, die das Herz jedes Pâtissiers höherschlagen lässt, eine»Gochujang« genannte Würzpaste, in der Miso und Amazake unter Zugabe von Sake und Mirin mit Chili vermischt werden, sowie eine Einkorn-Sojasauce.

Je länger wir mit den Produkten von *Mimi Ferments* in unseren Küchen experimentieren, desto stärker wächst in uns der Glaube, dass uns Fermentation – im Moment das Modethema in der Gastroszene weltweit – noch sehr lange beschäftigen wird.

Mimi Ferments
Stephanstraße 24 | 10559 Berlin
Öffnungszeiten: Mo – Fr 10 – 18 Uhr
Telefon: 030/58 70 93 78
www.mimiferments.com

Politisch essen

MEHR ALS
EIN RESTAURANT

Kreuzberger Himmel

Im Frühjahr 2018 wurde der Himmel in Kreuzberg ein Stück weiter. Ein paar Engel kamen vorbei mit einer verdammt guten Idee: Sie eröffneten ein syrisches Restaurant in der Yorckstraße und nannten es *Kreuzberger Himmel*.

Die Engel waren Mitglieder des Vereins »Be An Angel e. V.«, die sich 2015 zusammengetan hatten und Geflüchtete in ihren Privatwohnungen aufnahmen. Sie lernten mit ihnen Deutsch, halfen ihnen bei der Bürokratie und überlegten, was man tun könnte, damit sie auch in Deutschland wieder selbstständig werden konnten.

»Wir haben momentan 13 Mitarbeiter aus zehn verschiedenen Nationen«, sagt Bakri Kamurgi, der Geschäftsführer des Restaurants *Kreuzberger Himmel*. Ein zurückhaltender, freundlicher Mann, der neben dem Tresen an einem hohen Tisch sitzt und Tee trinkt. Kamurgi selbst kommt aus Aleppo, dort hat er als Rechtsanwalt gearbeitet und Regimegegner vertreten. 2015 musste er aus Syrien fliehen, seine Frau und die drei Kinder konnten erst vier Jahre später nachkommen. Im *Kreuzberger Himmel* war er von Anfang an dabei. Küchen sind vermutlich seit Jahrtausenden eine Anlaufstelle für Menschen, die auf der Flucht ihre Sprache, ihre Identität, ihr Lebensziel verloren haben.

Küchen können aber auch der Ort sein, ihnen etwas wiederzugeben. Die Idee der Engel ging auf: »Endlich konnten wir etwas tun«, sagt Kamurgi, »nicht immer nur warten.«

Khamosh Azary hinter dem Tresen nickt zustimmend. Er kommt aus Kundus, mit 17 Jahren sei er alleine von dort geflüchtet und landete zunächst in Chemnitz. »Ich durfte erst mal nicht arbeiten«, sagt er, und dass er dann von »Be An Angel« hörte und an Andreas Tölke schrieb, den Vorsitzenden. Der lud ihn nach Berlin ein. Jetzt ist Azary 25 und ausgebildeter Gastronom, nächste Woche macht er seinen Führerschein, er hat eine eigene Wohnung und eine Aufenthaltsgenehmigung.

Azarys Lieblingsgericht auf der Karte ist »Fatter«, ein Lamm von milder Schärfe in Zitrone mit Champignons und Zwiebeln, Salat und Bulgur. Aber was für ein Bulgur: mit Mandeln und Cashews, Kichererbsen und kurzen Nudeln, fabelhaft gewürzt. Uns schmeckt er auch zu den Resten der Vorspeisenplatte, mit der wir angefangen hatten und die wir nicht ganz geschafft haben. Die allein macht schon dem Namen des Restaurants alle Ehre. Wie bekommt man so einen leichten, cremigen Hummus hin? Das Cavry aus Weißkohl, Knoblauch, Peperoncini, Linsen und Cashew hat einen angenehmen Senfgeschmack. Unsere Favoriten sind Sabaneh, ein Spinat mit Olivenöl, Zwiebeln, Granatapfel, Koriander und köstlicher Zitrusnote, und das Baba Ganoush mit Petersilie und Granatapfel, erfreulich vielseitig in den verschiedenen Texturen aus weicher, wohlschmeckender Aubergine und knackiger Paprika – leicht scharf und frisch.

Zu den Hauptspeisen gehört auch Kabse, ein syrisches Festtagsgericht mit Hähnchen oder vegetarisch, mit Nüssen und gewürztem Reis, und natürlich Kibbeh. »Mehr als ein Klops« steht fröhlich in der Speisekarte: Unter einem knusprigen Mantel aus

Bulgur und Paprikapaste verstecken sich Zwiebeln, Kichererbsen, Walnüsse, Rosinen und Paprika. Uns gefiel auch das Gemüsetrio Mahashi, eindrucksvoll mit Reis und Piment, Kreuzkümmel und Koriander gefüllte Auberginen, Zucchini und Zwiebeln, die mit zwei pikanten Dips kommen.

Etwa 90 Prozent der Gerichte auf der Karte sind syrisch, zudem fließen immer wieder Ideen und Erfahrungen der Mitarbeiter aus anderen Ländern ein. Die Chefköchin Layali Jaafar etwa kommt aus dem Irak, dort hat sie als Caterer für Hochzeiten und andere Feste gearbeitet. Jaafar ist 42 und lebt seit fünf Jahren in Deutschland, sie war alleine mit ihrem Sohn aus Bagdad geflüchtet. Ihren Mann sah sie vier Jahre lang nicht, doch mittlerweile ist die Familie wieder zusammen, und jetzt lernt er gerade Deutsch.

»Die Gäste fragen oft nach unseren Geschichten«, erzählt Jaafar, »und wir fragen die Gäste, was ihnen schmeckt und was wir besser machen können.« Das Restaurant versteht sich auch als Begegnungsstätte, unverkrampftes Fragen ist hier ausdrücklich erlaubt. Auch die Chefköchin erzählt sehr herzlich von Andreas Tölke: »Andreas versteht uns immer. Er sieht unsere Augen und sagt: Du bist heute schlecht gelaunt. Oder: Heute bist du gut gelaunt. Ich sage immer: Das ist mein großer Bruder.« Für sein Engagement in der Einwanderungsgesellschaft hat Andreas Tölke mittlerweile das Bundesverdienstkreuz bekommen.

»Der *Kreuzberger Himmel* ist mehr als ein Restaurant«, steht in der Speisekarte, die auf der ersten Seite kurz die Geschichte des Restaurants erklärt, und: »Muslime, Christen, Hindus und Juden arbeiten gemeinsam an einem friedlichen, freundlichen Ort.« Gibt es manchmal Zoff zwischen den verschiedenen Nationalitäten? Bakri Kamurgi lacht. »Nein«, sagt er, »jedes Land hat eine andere Kultur, aber hier arbeiten wir als Familie.« Wie in den meisten Familien ist man hier auch nicht beleidigt, wenn jemand geht, weil er etwas anderes gefunden hat, sondern stolz: Schon mehrere haben im *Kreuzberger Himmel* bereits eine Ausbildung abgeschlossen und arbeiten jetzt in Hotels oder in anderen Restaurants.

Es fühlt sich wirklich ein bisschen an wie die gelebte Ringparabel, in diesen Räumen in der Kreuzberger St.-Bonifatius-Gemeinde zu sitzen, einen Blanc de Blanc aus dem Libanon zu trinken von Chateau Ksara und mit den Mitarbeitern ins Gespräch zu kommen, die alle freundliche gute Laune verbreiten, auch untereinander. Es ist ein Ort zum Wohlfühlen. Die beigen Wände, die Holztische und -stühle, die bunten Kugeln an der Decke, die wie glasgewordene Champagnerperlen über dem Raum schweben – eine Deckenlampe, die die Designerfirma BOCCI gespendet hat. Die Teller hat die Keramikfirma Rosenthal finanziert, und an der Wand hängt ein riesiges Bild des kanadischen Fotokünstlers Robert Polidori, das die Berliner Galerie »Camera Works« dem Restaurant geschenkt hat. Es zeigt einen Prunksaal im Schloss Versailles mit einem langen großen Oberlicht, das noch mehr Himmel in den *Kreuzberger Himmel* bringt.

Eigentlich können wir nicht mehr, wirklich nicht, aber dem Baklava und dem Basbousa können wir dann doch nicht widerstehen. Ein köstliches Baklava, nicht klebrig süß, sondern knackig süß, mit knusprigen Pistazien und intensivem Honiggeschmack. Und der Grießkuchen Basbousa schmeckt fluffig nach Kokos. Basbousa wird in den verschiedensten Ländern zubereitet, in Ägypten zum Beispiel, Marokko, Algerien und Syrien. Und im *Kreuzberger Himmel* von Layali Jaafar, der irakischen

Küchenchefin. Allein die Globalisierung des Basbousa ist schon ein Zeugnis von geleckter, äh, gelebter Integration.

Kreuzberger Himmel

Yorckstraße 89 | 10965 Berlin

Vorspeisen ab 5,40 Euro

Hauptspeisen ab 12,90 Euro

Öffnungszeiten: Mo – Fr 14 – 24 Uhr

Reservierung: 030/92 14 27 82

www.kreuzberger-himmel.de

FASS DEIN ESSEN EINFACH
MAL WIEDER AN

Nobelhart & Schmutzig

Die wichtigste Zutat im *Nobelhart & Schmutzig* ist Chuzpe. Man könnte auch von Überzeugungstätern sprechen. Von Menschen mit Mut und der Gewissheit der eigenen Stärke. Oder einfach dem Glauben, mit dem, was man vorhat, auf dem richtigen Weg zu sein. Dieses Selbstvertrauen strahlen dem Inhaber und Sommelier Billy Wagner und seinem ganzen Team aus jedem Knopfloch.

Dabei haben sie gar nichts Missionarisches an sich. Wer im *Nobelhart & Schmutzig* zu Gast ist, wähnt sich nicht wie unter Mormonen oder Zeugen Jehovas, die sich im Zustand ihrer Gnade und des Auserwähltseins suhlen. Aber es ist nun mal einfach so, dass der Zeitgeist heute dem Restaurantkonzept extrem in die Karten spielt, dem sich Billy Wagner und sein Schweizer Küchenchef Micha Schäfer vor Jahren verschrieben haben. »Brutal lokal!« sollte es zugehen im *Nobelhart & Schmutzig*, verkündete Billy Wagner schon 2014, als er im *Rutz* (S. 89) als Sommelier aufhörte und ein eigenes Restaurantprojekt ankündigte. Brutal lokal wegen der CO_2-Bilanz der Produkte, aber auch aus Prinzip: Wer in Berlin essen gehe, solle auch Berlin und sein

Umland schmecken können. Also adieu, Hummer und Carabineros, adieu, US Beef und Gänsestopfleber, adieu, Albatrüffel und Radicchio Trevisano. Stattdessen die Betonung der Saisonalität und Gerichte mit wenigen Komponenten, in denen sich alles ganz auf die Qualität des einzelnen Produkts fokussieren kann. Zum Beispiel auf einen Saibling aus der Müritz. Er wird nach der Ike-jime-Methode geschlachtet – der schnellsten, aber auch schwierigsten Art, einen Fisch mithilfe einer ins Gehirn gestoßenen Nadel zu töten. Schäfer legt den Saibling nur ganz kurz unter den Salamander, gerade so lange, dass er die Haut abziehen kann. Danach wird das Filet mit erst in etwas Nussbutter, Salz und Dillblüten angeschwitzten und dann mit Weißwein und Verjus abgelöschten Zwiebeln serviert. Ein Ziel bei der Gründung des *Nobelhart & Schmutzig* war, Luxus neu zu definieren. Weg vom alten blöden Statuskonsum, hin zu einem neuen Wertesystem, in dem die Unverfälschtheit der saisonalen und lokal oder regional bezogenen Produkte im Mittelpunkt steht. Schon das Amuse-Bouche, ein dünn aufgeschnittenes rohes Mairübchen mit Nussbutter und Salz, ist so genial einfach und doch so frisch und von raffinierter Geschmackstiefe, dass wir es seither oft und gerne nachkochen.

Doch als wir vor der Tür des *Nobelhart & Schmutzig* am schäbigen, unteren Ende der Friedrichstraße stehen, fliegt uns Kleinmut an, und wir sind plötzlich ein wenig skeptisch. Macht da einer mit seinem Ökogewissen nicht einen auf dicke Hose, um von kulinarischen Defiziten abzulenken? Unsere Bedenken gehen noch vor der Tür in Gelächter unter. Acht Aufkleber zieren die Eingangstür des Lokals. Drei weisen darauf hin, dass Fotografieren, Handys und Waffen im Lokal ungern gesehen sind, ein vierter durchgestrichener roter Kreis gilt AfD-Mitgliedern und -Wählern. Danach wirbt ein dem blauen Aral-Schild nach-empfundener Sticker für Analsex. Ein weiterer verulkt das Emblem des »Shit Advisor« und des »Faux Millau«. Ein achter Aufkleber belehrt »Diversity is beautiful«, und ein kleines Plakat in Lautschrift fordert uns auf: [ɛst meːɐ̯ fɛt].

Aufs Klingeln hin öffnet eine aufgeräumte Kellnerin, die uns als Erstes erzählt, wie praktisch es doch sei, dass gegenüber das Arbeitsamt liege. »Da konnt ich mir bei meinem Antrag auf Kurzarbeitergeld die Briefmarke sparen.« Der Berliner Humor trotzt auch Corona.

Das *Nobelhart & Schmutzig* ist oft über Wochen ausgebucht. Wir hatten mit unserer kurzfristigen Reservierung Glück, müssen aber mit dem sogenannten Bürgermeistertisch am Ende eines schmalen Gangs hinter der Garderobe vorliebnehmen. Auf diese Weise entgeht uns das Spektakel des Live Cooking, das die meisten Gäste auf den bequemen Barhockern am U-förmigen Tresen verfolgen können, denn die Küche befindet sich direkt dahinter. Das hat sich Billy Wagner von *Dos Palillos* in Barcelona abgeschaut. Am Holztresen im *Nobelhart & Schmutzig* kommt man sehr einfach ins Gespräch, auch mit den Köchinnen und Köchen, denn diese sind so nah, dass man sie anfassen kann.

Billy Wagner ist ein Derwisch. Mit zwei, drei Flaschen unterm Arm tänzelt er, ein Nurejew mit 160 Seiten umfassender Weinkarte, in rasender Geschwindigkeit zwischen den Tischen hindurch, schenkt dort einen Schluck Weißwein ein, erklärt hier ein Großes Gewächs, versucht da einen skeptischen Gast von einem skandinavischen Craft Beer als Begleitung zu einem Fischgang zu überzeugen, empfiehlt im Vorüberwirbeln, es doch mal mit einem Apfelwein zu versuchen. Der Mann ist eine an beiden Ende brennende Kerze. Unsere Weinbegleitung umfasste neben einem 2004er Champagner von Marie Noellele Dedru, einem Chablis »Vebt d'Ange« 2015 von Thomas Pics auch eine feinnervige 2005er Riesling-Spätlese vom Mosel-Saar-Ruwer-Winzer Müllen, was uns Anlass bot, den Schatzkeller des Hausherrn noch um einige schilfrige alte Rieslinge zu erleichtern.

Im *Nobelhart & Schmutzig* herrscht Menüzwang, es gibt kein À-la-carte-Essen. Eher robust klingt auch die Ankündigung auf der Website: »Bitte beachten Sie, dass eine Mindestsauferei von €80 per Person für Getränke besteht – auch wenn Sie keine Getränkebegleitung buchen.« Dafür ist der Preis des Zehn-Gänge-Menüs von 105 Euro allerdings auch erstaunlich günstig, und für Auszubildende und Studierende bietet das *Nobelhart & Schmutzig* sogar einen Sondertarif inklusive Weinbegleitung an: echt nachahmenswert! Den Auftakt an diesem Abend bildet ein mit Salz aufgeschlagener Ayran – Referenz an die lange türkische Einwanderungsgeschichte Berlins und gleichermaßen ein säuerlich-frischer *palate cleaner*. Warum dieses Getränk in einer klobigen Tasse mit absurdem Henkel serviert wurde, erschloss sich uns nicht. Ein Erstling aus einem Töpferkurs?

»Fass dein Essen einfach mal wieder an«, ist einer der Slogans des selten um werbewirksame Claims wie »Wir sind das politischste Restaurant Deutschlands!« verlegenen Billy Wagners. Gelegenheit dazu bietet eine »Brotzeit mit Roggensauerteigbrot«, zu der vier Schälchen gereicht werden. Eine über drei Monate im Tontopf gereifte Butter aus Doppelrahm, die wir so noch nie gegessen haben und die herrlich käsig schmeckt. Schmorgurke mit Senfsaat. In Schweinefett gebratene Pfifferlinge mit Schnittlauch. Ein Fetakäse mit Fenchelöl. Alles zum Butterbrot mit den Fingern zu essen. Sofort werden Assoziationen wach: an das Abendbrot unserer Kindheit, an Ausflüge aufs Land, an die Köstlichkeit eines mit Schnittlauch bestreuten Butterbrots. Die Küche des *Nobelhart & Schmutzig* löst im Folgenden noch öfter solche aus dem Film »Ratatouille« erinnernde Déjà-vus aus. Etwa bei einem gegarten Fenchel in Buttermilch – so frisch und feinwürzig, dass wir den Sud aus dem Schälchen austrinken möchten, was die Kellnerin zum Angebot verleitet: »Ich gebe Ihnen Rückendeckung!«

Die Toiletten des *Nobelhart & Schmutzig* sind eingeteilt in »sitzen« und »sitzen und stehen« und bieten dem Auge viel Abwechslung: Lebensweisheiten wie »A man who is nice to you but rude to the waiter is not a nice man«, das Foto einer Frau, die den Mittelfinger zeigt mit der handschriftlichen Unterzeile: »Betrügst du mich hier etwa gerade mit deiner Frau?« Daneben ein Kondomautomat der Marke »Billy« mit der Aufforderung »Liebt euch«.

Wir lieben jedenfalls das »Husumer Schwein mit Majoran«, das in zwei Zubereitungsarten auf denselben Teller kommt. Als gegrillter Schweinebauch, daneben eine mit krossem Salbei ausdekorierte Terrine aus Schweinskopf von fester Konsistenz und wunderbarer Geschmackstiefe. Das »Ei Blumenkohl« lässt die knackig gegarten Blumenkohlspäne von crunchigen Butterstreuseln und einem Onsen-Ei begleiten. »Kartoffeln und Bohnen« steht für eine leckere Komposition von Kartoffelstampf, der von geräucherter Butter trieft, und in winzige Röllchen geschnittenen Stangenbohnen, die mit Rosmarin gewürzt sind. Dann die gebackene Tomate mit Leindotteröl. Das Dessert überzeugt mit »Pflaume und Sauerkirschöl« und einem klassischen Crumble auf fermentierten schwarzen Johannisbeeren, dazu ein opulentes Gratinée von Milch, Sahne und Honig. Als Wegzehrung reicht uns die knuffige Kellnerin zum Abschied jedem eine Tüte mit einem Berliner mit Thymianfüllung. Und dürfen wir zum Schluss einfach mal lästern? Vieles war gut, ja grandios an dem Abend. Aber an diesen Krapfen muss das Küchenteam einfach noch mal arbeiten, jedenfalls wenn man sie am nächsten Tag essen soll.

Dennoch: Zurück auf der Friedrichstraße, inspiriert und glücklich, haben wir das Gefühl, gerade aus der Zukunft zu kommen. Der Zukunft der Berliner Gastronomie. Sie liegt im *Nobelhart & Schmutzig*.

Nobelhart & Schmutzig

Friedrichstraße 218 | 10969 Berlin

Öffnungszeiten: Di–Sa »ab 18:30 Uhr bis spät«,

so steht es vorne am Eingang

Küchenannahmeschluss: 21 Uhr

Ruhetage: Sonntag und Montag

Reservierung: 030/259 40 61

www.nobelhartundschmutzig.com

Dose & Korb

GIB MIR BITTE
EINEN KORB

*Picknicken im Garten
des Jüdischen Museums*

»Du musst hier weg, sofort«, sagt Sebastian zu seinem Oxforder Kommilitonen Charles Ryder, »ich habe eine Automobil, ein Körbchen Erdbeeren und eine Flasche Chateau Peyraguey. Das ist ein Wein, den du noch nie probiert hast, also tu gar nicht erst so, als ob. Er schmeckt himmlisch zu Erdbeeren.« So wird die wohl berühmteste Picknickszene der Weltliteratur eingeläutet, in Evelyn Waughs Roman »Wiedersehen mit Brideshead. Die heiligen und profanen Erinnerungen des Hauptmanns Charles Ryder«, der 1945 erschien. Die beiden jungen Männer, in vielerlei Hinsicht aneinander interessiert und auf der Flucht vor den vielen Frauen, die an ihrem Studienort Oxford auftauchen, fahren los. Zwischen ihnen sitzt Sebastians Teddybär Aloysius, sie halten für ihr Picknick an, und »auf einer von Schafen abgeweideten Anhöhe aßen wir unter einer Gruppe von Ulmen die Erdbeeren und tranken den Wein – eine köstliche Kombination, wie Sebastian versprochen hatte.«

Dieses Picknick lässt sich leicht nachspielen, sogar in Berlin. Allerdings wurde das Weingut Peyraguey, das unmittelbar ans weltberühmte Château d'Yquem in der Gemeinde Bommes in der Region Nouvelle-Aquitaine grenzt, seit der Zeit, aus der Sebastians Süßwein stammt, geteilt, sodass alle Evelyn-Waugh-Leser sich nun entscheiden müssen, ob sie einen Sauternes vom Château Clos Haut-Peyraguey oder vom Château Lafaurie-Peyraguey authentischer finden. Letzteren kann man sich zum Beispiel im *KaDeWe* (S. 98) besorgen, Erdbeeren bekommt man dort ebenso – nur für die von Schafen abgeweidete Anhöhe braucht man etwas Fantasie. Auf dem städtischen Biobauernhof Domäne Dahlem könnte man immerhin auf ein paar Schafe treffen, und wenn Berlin auch keine richtigen Berge hat, so lassen sich zumindest ein paar Hügel leicht finden: in den Parks, am Teufelsberg im Grunewald, am Müggelsee oder am Uferstreifen der Spree.

Gerade in Zeiten der Pandemie hat die Idee, draußen zu essen, wieder enorm an Popularität gewonnen. Auch in dunklen, kalten Monaten sitzen inzwischen Menschen mit Decken und Parkas vor den Restaurants, viele Restaurants haben ihr Mitnahmeangebot erweitert. Aber es gibt kaum etwas Schöneres, als sich einen richtig guten Korb geben zu lassen und Berlin von der Picknickdecke aus zu genießen. Wer dafür nicht selbst einkaufen gehen möchte, kann sich an eine ganze Reihe von Picknickanbietern wenden, die einem leckere Menüs zusammenpacken.

Ein echter Geheimtipp ist der Picknickkorb im Jüdischen Museum. Was die wenigsten wissen: Hinter dem großen eindrucksvollen Gebäude von Daniel Libeskind und dem barocken Kollegienhaus in der Kreuzberger Lindenstraße verbirgt sich einer der schönsten innerstädtischen Parks. Man muss natürlich erst durch die Sicherheitsschleusen am Eingang hindurch, aber der Eintritt ist frei. »Und wenn man erst mal drin ist, ist man hier auch sicher«, lacht Birgitt Claus, die den Gastro- und Kulturbetrieb *Eßkultur* aufgebaut hat, u. a. kümmert sie sich um das Museumscafé des Jüdischen Museums. Seit Jahren kuratiert Claus verschiedene Museumsgastronomien und bietet u. a. kulinarisch-literarische Spaziergänge und Kochkurse an.

Für das Jüdische Museum hat *Eßkultur* Themenkörbe zum Abholen ausgeheckt. Als es eine Ausstellung über die 1771 in Berlin geborene Autorin und Salonnière Rahel Varnhagen gab, konnte man den passenden Picknickkorb dazu im Museumscafé bestellen und damit in den großzügigen Park spazieren. Dort, auf einer der gepflegten Wiesen, fand man reizende Köstlichkeiten in dem tiefen Bastkorb, zum Beispiel einen Salat von Brockelerbsen, Zuckerschoten und Blumenkohl, Artischocken in Zitrone, eine Makkaronipastete mit Spinat und Kräutern, Lammspieße nach Rahels Lieblingsrezept und einen Schoko-geburtstagskuchen mit Himbeeren. Dazu, stilecht: »Thee und Butterbrot«, wie er im berühmten Salon der Varnhagen auch serviert wurde.

Auch passend zur Ausstellung über die berühmte jüdische Familie Mendelssohn gibt es einen Salonpicknickkorb, ähnlich reichhaltig gefüllt wie der zu Varnhagen. »Bei Rahel Varnhagens Salons gab es fünf Gänge«, erzählt Birgitt Claus, »die Mendelssohns hatten aber nicht so viel Geld.« Daher liegen im Mendelssohn-Korb auch nur streng abgezählte Nüsse und Rosinen als Erinnerung daran, dass die Mendelssohns am Essen sparen mussten. Man kann sich auf eine der Bänke setzen, mit etwas Glück ergattert man auch einen der Liegestühle. Oder man legt sich kauend ins Gras, sieht den weichen, runden Wolken zu, die über den zickzackförmigen Liebeskind-Neubau treiben, und lauscht dem Podcast, während man genussvoll dazu speist. Und trinkt: Zum Getränkeangebot gehört der »Bischoff«, so hieß ein bekannter Cocktail der damaligen Zeit, der mit Pomeranzen aromatisiert wird und immer wieder durch die Literaturgeschichte geistert. In der heißen Variante, als »smoking bishop«, trinkt ihn u. a. der knarzige Geizhals Ebenezer Scrooge aus Charles Dickens' bekannter Weihnachtsgeschichte. Auch Goethe war diesem Getränk zugetan. An Ottilie, seine Schwiegertochter, schrieb er 1828: »In Erwiderung sende mir auch einige Fläschchen Pomeranzen-Essenz, damit ich meinen Gästen manchmal ein Glas Bischof oder Cardinal vorsetzen könne.« Es gibt verschiedene Rezepturen für den »Bischoff«, in die Variante im Jüdischen Museum kommen Rotwein, Pomeranzenessenz und Pomeranzenschale – die Bitterorangen hat Birgitt Claus persönlich auf Mallorca bestellt.

Sehr zu empfehlen sind auch die Brunch-, Picknick- und Carepakete der Kaffeerösterei und des Deli *Barcomi's*, die man entweder am Standort in der Kreuzberger Bergmannstraße abholt oder sich liefern lässt. Zum Beispiel ein »Lunch Picknick« mit Bagels, Quinoa-Salat, Cruditée mit Hummus und Brownies, ein »Veggie Brunch Paket für zwei« mit u. a. Hummus, Linsensalat, Guacamole und Black-Bean-Aufstrich« oder auch das »Birthday Care Paket« inklusive Geburtstagskuchen und Kerze.

Und für das Picknick-rundum-sorglos-Paket sollte man sich in die Hände von *Urban Picknick* begeben. Man kann sich zwischen vier Berliner Parks entscheiden, dem Tempelhofer Feld, dem Park am Gleisdreieck, dem Volkspark Friedrichshain oder dem Treptower Park – und sie liefern. Und zwar nicht nur das Essen, sondern gleich die ganze Sitzgruppe dazu. Wer das »Classic«-Paket bucht, bekommt einen Outdoorteppich ausgerollt, dazu einen niedrigen Picknicktisch, Sitzkissen, Teller, Besteck und Gläser, Lichterkette, Kühlbox und sogar die Bluetooth- Box zum Musikhören. Auch Picknicktafeln für zehn Personen kann man sich aufstellen lassen, und am Ende kümmert sich *Urban Picknick* auch wieder um den Abbau und die Müllentsorgung.

Wir haben bei der Wahl unserer Berliner Picknickorte eigentlich nur ein Ziel: uns irgendwann genauso wohlzufühlen wie Sebastian in »Wiedersehen mit Brideshead«. Als er satt und angeheitert im Gras liegt, sagt er: »Genau die richtige Stelle, um einen Topf voller Gold zu verstecken. Ich würde gerne überall, wo ich glücklich war, etwas Kostbares vergraben. Dann kann ich später, wenn ich hässlich, alt und trübsinnig bin, zurückkommen, es ausgraben und mich daran erinnern.«

Picknickkorb im Garten des Jüdischen Museums

von Mai bis in den Herbst, aktuelle Verfügbarkeit
und andere kulinarische Stadtspaziergänge unter
www.esskultur-berlin.de
www.barcomis.de/picknick-koerbe
www.urban-picknick.de

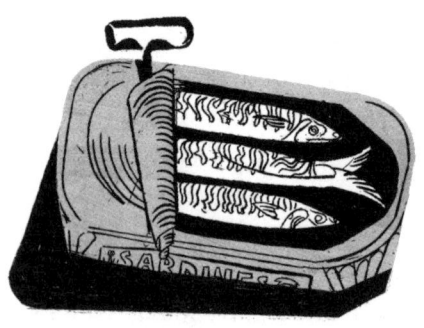

DAS ERWECKUNGSERLEBNIS
AUS DER BÜCHSE

Sardinenbar

Der 24. November ist ein ganz besonderer Tag in unserem Jahreskalender. Es ist der »Tag der Sardine«. Wir wissen ihn zu schätzen, seit uns der Drei-Sterne-Koch Dieter Müller auf den Sardinentrip brachte. Profiköchinnen und -köche haben nach Feierabend etwa so viel Lust zu kochen, wie Literaturkritikerinnen und Literaturkritiker nach Feierabend Lust haben, Kritiken zu schreiben. Aber der Hunger, der Hunger treibt natürlich so oder so beide Berufsgruppen um. Was also tun als gestresster Küchenchef, wenn man mal gar keine Lust hat, sich privat nach

Feierabend noch einmal am Herd zu produzieren? Etwa was beim Lieferdienst bestellen? Warum nicht – in Ausnahmefällen. Aber alles eine Frage der Würde und des Berufsethos. Und da kann man eben schlecht Wasser predigen und Wein trinken – will heißen, wer tagsüber radikal auf Qualität setzt, wird mit dem gängigen Fast-Food-Angebot nicht glücklich. Und da kommt die Jahrgangssardine ins Spiel.

Erstaunlich viele Sterneköche, so haben wir im Lauf der Jahre erfahren, hegen eine regelrechte Passion für diese in Deutschland immer noch so gut wie unbekannte Spezialität. Jahrgangssardinen, haben wir gelernt, sind Konserven aus Frankreich, Spanien oder Portugal, die mit den angemachten Billigsardinenbüchsen aus dem Supermarkt, der eisernen Ration unzähliger Studenten-WGs, nichts, aber wirklich gar nichts gemein haben. Im Gegenteil: Jahrgangssardinen sind ein extrem werthaltiges Produkt. Wildfang sowieso, denn Sardinenschwärme lassen sich nicht züchten. Aber Jahrgangssardinen zeichnen sich zudem dadurch aus, dass sie just zu dem Zeitpunkt im Jahr gefangen werden, an dem die Sardinen am fettesten sind, also Mitte bis Ende September. Dann legt man die Sardinen sofort in kalt gepresstem Olivenöl ein und versieht sie auf dem Dosenetikett mit dem Jahr ihres Fangs. Anschließend heißt es warten – je älter sie werden, desto besser: Die Sardinen werden immer mürber, aromatischer und geschmacksintensiver, aber wie beim Wein muss da jeder seine Vorlieben durch intensives Verkosten austesten. Die Etiketten der Dosen mit den Jahrgangssardinen haben es in sich, vielmehr auf sich: Viele sind regelrechte Kunstwerke und ähneln in Zeichenstrich und Gestaltung mal der Plakatkultur für französische Bistros und Varietés aus der Zeit Henri de Toulouse-Lautrecs Ende des 19. Jahrhunderts, mal

Jugendstil oder Art déco. Allein schon diese liebevolle Aufmachung macht die Konserven zu begehrten Sammlerstücken.

Dieter Müller bot im *Schlosshotel Lerbach* als Amuse-Bouche ein getoastetes Stück gutes Baguette mit salziger Butter an, darauf eine einzelne Jahrgangssardine und darüber eine dünne Scheibe Gänseleber, getrennt durch eine hauchdünne Schicht Matcha-Tee-Creme, die für den entscheidenden Säurekick sorgte. Ergebnis: ein unbeschreiblicher Wohlgeschmack. Ein perfektes Match, ebenso unwahrscheinlich wie im Nachhinein durch den hohen Fettgehalt beider Hauptzutaten unmittelbar einleuchtend. Seither halten wir die Augen auf, wo immer Jahrgangssardinen angeboten werden. Ein Wort noch zum kulinarischen Reizthema Gänseleber. Man kann aus vielen guten Gründen etwas gegen Gänseleber haben. Aber erstens besitzt nicht nur die Gans, sondern auch die Sardine einen unbestreitbaren Lebenswillen. Zweitens kommt es eben auf die Lebensbedingungen der Gans an, weshalb wir eindringlich vor ungarischer Gänseleber warnen und französische Biogänseleber empfehlen. Und drittens isst man so was selbstverständlich unserem persönlichen Moralkodex zufolge aus Erwägungen des Tierwohls allerhöchstens zwei-, dreimal im Jahr.

Die *Sardinenbar* von Thomas Vetter in Schöneberg ist Berlins ungewöhnlichstes Fischrestaurant. Der gelernte Koch, der acht Jahre lang in der irischen Spitzengastronomie arbeitete und schon immer eine Vorliebe für Fisch hatte, hatte sein Erweckungserlebnis in Portugal. Dort ist es ganz normal, in schicken Weinbars eine Dose mit hochwertigem Seafood wie Sardinen, edlen Stücken vom Thunfisch, Makrelen, Oktopus, Muscheln, Stockfisch oder Wellhornschnecken vorgesetzt zu bekommen – mal puristisch in kalt gepresstem Olivenöl, mal verfeinert mit

Zitrone oder Sommertrüffeln, grünem Pfeffer, Kräutern der Provence, Tomaten, Oliven, Chillies oder auf baskische Art mit Bayonner Schinken und Piment d'Espelette. Die Varianten sind endlos: Sardinen auf andalusische Art werden in einer pikanten Tomatensauce eingelegt, die durch geräucherte Chorizo aromatisiert wird. Beliebt ist auch die Konserve mit Sauce Ravigote, einer Essig-Olivenöl-Sauce mit Kapern, Senf, Cornichons und Curry. Selbst Sardinen auf kreolische Art in einer Marinade mit Cayenne-Piment, Nelken, Lorbeer, Zitrone und Pfeffer hat Thomas Vetter im Angebot.

Unbedingt probieren muss man bei einem Besuch der *Sardinenbar* aber auch die warm servierten Sardinen. Diese sind in Fassbutter eingelegt und mit verschiedenen Kondimenten wie Koriandergrün, Knoblauch oder Curry aromatisiert; sie werden im Wasserbad bei ca. 70 Grad in der Dose erhitzt und bringen das Aroma der Sardinen noch einmal ganz anders zur Geltung, als wenn man sie nur kalt genießt. Nur hierzulande haftet solchen feinen Konserven das Hautgout eines Billigprodukts an. Diesem Klischee begegnet Vetter schon dadurch, wie er seine Fischedelkonserven serviert: auf Holzbrettern mit passgenau ausgefrästen Vertiefungen für die Dosen, mit grünem Kräutersalat und frischem Baguette. Über hundert Fischkonserven sind im Angebot der *Sardinenbar*. Und sollte jemand partout keinen Fisch mögen, gibt's auch Käse und Wurst. Die dazu angebotenen Weine aus Frankreich, Deutschland und Portugal sind eine ideale Begleitung, bei der Auswahl sollte man sich unbedingt von dem kompetenten Personal beraten lassen, das weiß, zu welcher Dose ein wunderbar komplexer Madeira passt oder wo ein Champagner die bessere Wahl darstellt.

Sardinenbar

Grunewaldstraße 79 | 10823 Berlin

Öffnungszeiten: Mo – Sa 17 – 24 Uhr

Reservierung: 030/58 83 31 70

www.sardinenbarberlin.com

Lebensmittel Kultur

FUSION UND
KULINARISCHER REALISMUS

Kochu Karu

Die wichtigsten Sätze, die wir jemals über Literatur der Gegenwart gelesen haben, stammen aus einem Essay von David Foster Wallace Anfang der 90er-Jahre. In »E Unibus Pluram: Fernsehen und Literatur in den USA« schreibt er: »Heute, wo wir selbst beim Chinesen mexikanisch essen können, während im Hintergrund Reggae läuft und im Fernsehen gleichzeitig eine sowjetische Sendung über den Fall der Berliner Mauer, heute, wo uns alles so verdammt bekannt vorkommt, hat sich die Aufgabe des Realismus ebenfalls verwandelt. Um einen ähnlichen Erkenntnisschub zu erzielen wie vor hundert Jahren, müsste realistische Literatur eigentlich im Bekannten das Fremde aufdecken ...« Wir lasen diesen Satz in den 2010er-Jahren und wissen noch, wie unwahrscheinlich es uns damals erschien, Deutschland könnte jemals ein solches Ausmaß an kulinarischer Globalisierung erleben, dass irgendjemand auf die Idee verfallen würde, beim Chinesen mit Selbstverständlichkeit mexikanisches Essen zu ordern. Inzwischen hat die Gegenwart, jedenfalls die Berliner Gegenwart, unsere Fantasie eingeholt und längst überboten.

Wie die meisten Erkenntnisse aus der Literatur lassen sich diese Sätze von Foster Wallace auch auf die Küche übertragen. Die Frage ist nur, welche Strömung der Kochtechnik denn für den kulinarischen Realismus steht. Sicher werden die meisten dabei eher an eine puristische Aromenküche denken und die wenigsten an Fusions- oder Hybridküche. »Fusion« hat in unseren Ohren eigentlich keinen guten Klang – weder in der Küche noch in der Musik. Die »Fusion«-Musik der 70er-Jahre lässt uns innerlich immer ein wenig zusammenzucken, Miles Davis und sein revolutionäres Album »Bitches Brew« hin oder her. Fest steht aber, wir alle sind aus einer Fusion hervorgegangen, der Verschmelzung zwischen einer Ei- und einer Samenzelle. Und welches Glück eine gelingende Fusion in der Küche darstellt, lässt sich nirgendwo besser erleben als im *Kochu Karu* von Bini Lee und José Miranda Morillo, die in ihrem Restaurant koreanische und spanische Esstraditionen zusammenbringen – und Musik und Kochen verbinden.

Kochu Karu, mitunter auch »Gochugaru« geschrieben, ist der Name eines in verschiedenen Schärfe- und Mahlgraden erhältlichen Chilipulvers aus Korea. Es spielt bei der Fermentierung des Kimchi eine Rolle und überhaupt in allen koreanischen Speisen, die einen Rotton aufweisen. Richtig scharf geht es in der Küche im *Kochu Karu* eher selten zu, Morillo würzt eher dezent; die ausgebildete Opernsängerin Lee und der Koch lernten sich in Berlin kennen und eröffneten ihr Restaurant bereits 2012. Seither hat sich die Küche kontinuierlich entwickelt und zelebriert heute Teller um Teller auf höchstem Niveau die reizvolle Begegnung zweier Landesküchen. Was dabei entstehen kann, lassen die Grüße aus der Küche erahnen – Granité vom eingelegten koreanischen Rettich und eine einfallsreiche Deklination vom Sauerklee, der als Wurzel, Blatt und Eis mit grünem Öl serviert wird.

Über viele Jahre hinweg wurde das *Kochu Karu* vom Michelin mit einem »bib gourmand« für sein besonders gutes Preis-

Leistungs-Verhältnis ausgezeichnet. Der Michelin fordert dafür ein Drei-Gänge-Menü für unter 37 Euro. Tatsächlich ließ sich lange für kleinere Münze im Prenzlauer Berg kaum schöner schwelgen als hier. Inzwischen hat man sich im *Kochu Karu* etwas höhere Ziele gesetzt, die Karte bietet nun fünf kleine Gerichte, drei Hauptspeisen und drei Desserts, aus denen sich Menüs mit bis zu sieben Gängen zusammenstellen lassen, das Einsteigermenü mit Vorspeise, Hauptgericht und Dessert zu 45 Euro. Aber es wäre ein Jammer, sich auch nur eines der kleinen Gerichte entgehen zu lassen, etwa das galizische Kalbstatar und Herzbries mit Sommertrüffel, das reizvoll mit koreanischem Zangazi kontrastiert, einem fermentierten scharfen Relish, und mit Hanföl abgerundet wird. Ein Escalivada-Gemüsesalat mit gegrillten Auberginen und Paprika harmoniert in einem Dressing aus Nussbutter und Verjus schön mit alten Bohnensorten. Die Begegnung einer vollfleischigen Claire-de-Jade-Auster mit knackigem Fenchel und Gochujang-Chilipaste überzeugt selbst hartherzigste Austernpuristen. Und ein weiterer Strandspaziergang mit Queller und koreanischer Kamte-Alge wird durch eine Sardine, deren Fett die Passionsfrucht genau das richtige Maß an Säure entgegenhält, zum Erlebnis.

Zwischenzeitlich hat Bini Lee, die als souveräne Gastgeberin des eng bestuhlten bzw. bebankten Restaurants eine angenehm lockere Atmosphäre schafft, auch eine Ausbildung zur Sommelière absolviert. Die Weinkarte entwaffnet mit den Sätzen: »Wollen wir mal ehrlich sein: Korea ist keine Weintrinkernation. Und Bini hat vor ihrer beruflichen Reinkarnation als staatlich geprüfte Sommelière nunmal ›nur‹ gesungen – kannte sich also vor allem mit Salbeitee in allen Variationen aus. (…) Nach mittlerweile 10 Jahren intensiver Trinkschule weiß die gute Bini allerdings, was Sache ist. Es kann dennoch sein, dass Sie schon länger trinken – trotzdem kennt niemand Josés Küche so gut wie Bini.« Und deshalb kann man den Empfehlungen der Gastgeberin blind vertrauen, egal, ob sie zum fruchtigen Pansa Blanca von Tallarol oder zur fränkischen Scheurebe Cyriakusberg von Christian Stahl rät.

2016 pilgerten Bini Lee und ihr Lebensgefährte José Miranda Morillo zur am Fuß des Berges Naejang gelegenen Klosteranlage Chunjinam nach Korea. Dort lernten sie bei der buddhistischen Nonne Jeong Kwan, bekannt aus einer Folge der Netflix-Serie »Chefs Table«, die Geheimnisse des veganen Temple Food kennen und schätzen – eine gleichermaßen spirituelle wie kulinarische Erfahrung, die sich seither immer wieder in der Karte des *Kochu Karu* niederschlägt. Unter den aktuellen Hauptgerichten überzeugt insbesondere die vegane Option: die »Mandu« genannten koreanischen Teigtaschen mit Olivenfüllung, wildem Blumenkohl, Pfifferlingen und feincremigem Mandelmiso. Beim Entrecote vom Holsteiner Rind gefielen speziell die schön scharfe Ssamjang-Butter und die ausgefallene, aber harmonische Kombination von Kohlsprossen und grünen Paprikas.

Kulinarische Abenteuerlust ist die hervorstechendste Eigenschaft dieses Restaurants. Bei einem unserer ersten Besuche im *Kochu Karu* begegnete uns Kaiserfarn als köstlich würzige Zutat eines Fischgerichts. Ihre Mutter, so Bini Lee, habe den in den Berliner Wäldern selbst gesammelt und fermentiert. Wir waren so begeistert, dass wir nicht ohne eine Kostprobe zum Weiterexperimentieren in der heimischen Küche den Tisch verließen.

Eine weitere schöne Besonderheit des *Kochu Karu* sind die einmal im Monat veranstalteten »SingMahl«-Abende. Bini Lee, deren klarer Sopran auch schon in der Deutschen Oper erklang, stellt dafür ein zum Menü passendes Liedprogramm zusammen und singt etwa »Der Jäger« von Johannes Brahms oder Robert Schumanns »Waldesgespräch« zum Fläminger Hirschrücken mit eingeweckten Steinpilzen, Maronen, Romesco und Jujube-Pflaumen-Jus. Auch dies eine in jeder Hinsicht horizonterweiternde Fusion.

Kochu Karu

Eberswalder Straße 35 | 10437 Berlin

Öffnungszeiten: Di–Sa 18–23.30 Uhr

Reservierung: 030/80 93 81 91

www.kochukaru.de

ANDERS EINKAUFEN

Markthalle Neun

Für Florian Niedermeier ist es keine Frage: »Lebensmittel sind Kultur.« Der große blonde Mann aus Augsburg, der seit vielen Jahren in Berlin lebt, sitzt in seinem Büro im ersten Stock der *Markthalle Neun* und erzählt, dass er sich schon immer mit Essen beschäftigt habe. Nicht nur rein praktisch, weil er gerne kocht und einkauft, sondern auch theoretisch: Er hat Kulturwissenschaften studiert und immer wieder über die sozialen Aspekte von Lebensmitteln nachgedacht. Essen und Nahrung, sagt er, würden noch viel zu häufig als Wirtschaftszweig gesehen – und viel zu selten als Kultur.

Die *Markthalle Neun* in Kreuzberg, die Niedermeier gemeinsam mit Bernd Maier und Nikolaus Driessen seit 2011 zu neuem Leben erweckt hat, ist eindeutig ein kultureller Ort. Ein Musterbeispiel für eine Kultur des »Anders-Essens« und »Anders-Einkaufens«, für Regionalität, Diversität und Nachhaltigkeit. Unter den grünen Metallsäulen und der hellen Holzdecke ist in den letzten Jahren eine Oase gelebter Esskultur erblüht. Freitags und samstags ist Wochenmarkt, dann ist es meistens so voll, dass man sich durch die Gänge schiebt und die Sitzplätze an den Biertischen voll besetzt sind.

Hinter jedem Marktstand, jedem Kürbis, Pulled-Pork-Sandwich, Apfel, Brotlaib, Weißwein, Kuchenstück, Olivenöl, Tofuburger oder Käsestück steckt ein Lebensweg. Die Biografien von Menschen, die eher Lebensmittelkünstler sind als Händler und die irgendwann eine Abzweigung nahmen, die sie in die *Markthalle Neun* führte. Wer hier einkauft, kauft nicht nur Lebensmittel, sondern auch Geschichten.

Ob wirklich, wie Joseph Beuys meinte, jeder Mensch ein Künstler ist, wissen wir nicht. Aber vielleicht sollten wir unseren Lebensmittelerzeugern mit einer ähnlichen Wertschätzung begegnen? Bei Frau Zeller, Kuchenkünstlerin in vierter Generation, holen wir buttriges Shortbread und Käsekuchen. Bei Sironi »Il Pane di Milano« ein knuspriges, saftiges Sauerteighausbrot – Alfredo Sironi, der Brotkünstler, war mal Historiker und backt seine Ciabatta, Pizza und Panettone jetzt hinter gläsernen Wänden in der Markthalle. Der weißbärtige Kräuterkünstler Werner von *Werners Kräutergarten* hat an die 20 verschiedene Basilikum- und 35 Minzsorten zur Auswahl, die er selbst in Brandenburg anbaut. Bei *Alte Milch* nehmen wir ein Stück Comté Réservation mit, einen lange gereiften Comté aus dem französischen Jura. Das ist eine der streng kuratierten Käsesorten, die Matthias Becker verkauft, der Mann mit der Wollmütze, ehemals Werbetexter, jetzt Käsekünstler. Vielleicht holen wir noch ein paar Ravioli, Gnocchi oder Maccheroni bei den Pastakünstlern von *Mani in Pasta*, ein bisschen Auberginenpaste und Safran bei den Gewürz- und Gemüsekünstlern von *Multi Kulti* und natürlich ein Eis von *Rosa Canina*, dem Eisstand, an dem man viele Sorten, aber keine künstlichen Aromastoffe findet.

Bei Hakan Türkmen trinken wir einen Wüstenmokka mit Zimt, Kardamom und Zucker – aus dem Kaffeesatz malt der Kaffeekünstler danach auch gerne Bilder. Austern und Crémant und Champagner gibt es bei *Monsieur Collard*. Dahinter steht

Stéphane Collard, der früher in Pariser Nobelhotels gearbeitet hat und an seinem Stand den einladenden Spruch »eat oysters, love longer« aufgestellt hat. An »Street Food Thursdays«, bei denen an jedem Donnerstagabend Gerichte wie brasilianische Tapiocafladen, thailändische Dumplings, mexikanische Tacos, peruanische Ceviche, nigerianisches Fufu und türkisches Halva auf die Hand verkauft werden, darf man mit dem Glas in der Hand durch die Gänge flanieren, hier und dort stehen bleiben, etwas essen, trinken und das Glas u. a. bei *Monsieur Collard* zwischendurch wieder auffüllen lassen. Es fühlt sich an wie auf einer guten Party, bei der ja bekanntermaßen auch die besten Gespräche in der Küche stattfinden.

Kaum vorstellbar, dass diese Markthalle ein paar Jahrzehnte lang in einer Art Koma lag. Nur ein paar Discounter mit Neonlicht fand man in den historischen Hallen, das Gebäude verkam langsam. Vor 2011 gingen die Einheimischen vor allem aus einem Grund in die Markthalle: um eine Abkürzung zwischen der Pückler- und der Eisenbahnstraße zu nehmen. Die Wiedererweckung der *Markthalle Neun,* die heute zu den kulinarischen Hauptattraktionen Berlins zählt und schon längst in jedem Reiseführer steht, ist aber nicht der umsichtigen Politik, sondern einer Bürgerinitiative zu verdanken. Anwohner engagierten sich jahrelang für die Halle und kämpften gegen einen Totalausverkauf. Ein Investor wollte die alten Gebäude abreißen und eine Shoppingmall inklusive Tiefgarage bauen, doch die Hartnäckigkeit der Nachbarn zahlte sich aus: Letztlich bekam das Konzept von Florian Niedermeier, Bernd Maier und Nikolaus Driessen den Zuschlag.

Damit gewann ein Vorhaben, das auf das genaue Gegenteil einer Shoppingmall abzielte. Das Trio sanierte die Gebäude, lud

Einzelhänder ein und knüpfte damit an die Tradition dieses Ortes an – die Markthalle wurde wieder zum Kiezzentrum. Denn belebt war es hier schon einmal, nachdem die Markthalle 1891 die Türen aufgemacht hatte, als eine der 14 städtischen Hallen, die ab 1887 in Berlin nach und nach eröffneten. Überdachtes Einkaufen, ein Keller zum Kühlen und ein Wasseranschluss – das waren die Gegenmittel, um die katastrophalen hygienischen Bedingungen auf den Wochenmärkten in den Griff zu bekommen, als im 19. Jahrhundert im Zuge der Industrialisierung die Stadt immer voller wurde. Der berühmte Berliner Arzt und Politiker Rudolf Virchow – dessen Ruhm so weit reichte, dass heute u. a. ein Mondkrater, ein Hügel in der Antarktis, eine Pflanze und ein Berliner Krankenhaus nach ihm benannt sind – setzte sich nicht nur für den Bau von Kanalisation und Krankenhäusern ein, sondern auch für die Errichtung von Markthallen. Erst später, als die Supermärkte expandierten, wurde die Idee einer Markthalle wieder unpopulärer, viele kauften lieber dort, wo es schneller ging und günstiger war.

Das ist auch heute noch so. Florian Niedermeier ist sich bewusst, dass die *Markthalle Neun* eine Nische bedient. »Es ist viel anstrengender, hier einzukaufen als im Supermarkt«, sagt er. »Du hast hier keinen Parkplatz, keinen Einkaufswagen und keine Kasse, und man muss bei jedem Stand einzeln anstehen.« Um effizientes Shoppen geht es nicht, und man gibt auch ein paar Euro mehr aus, was immer wieder zu Gegenwind führt, weil den Betreibern vorgeworfen wird, die Gentrifizierung voranzutreiben. Aber ist dies nicht ein Scheinwiderspruch? Schließen sich ein Gourmetangebot und die Forderung nach bezahlbaren, gesunden Lebensmittel für alle wirklich aus? Die *Markthalle Neun* ist in jedem Fall auch eine Geschmacksschule.

Ein Ort der Politik, weil sie Menschen für das, was auf ihren Tellern liegt und ihre Gläser füllt, wach macht und sensibilisiert. Längst ist die *Markthalle Neun* über sich selbst hinausgewachsen. In der *Kochschule Neun* lernen Kinder, gesund und nachhaltig zu kochen. Das vom Berliner Senat geförderte Projekt »Kantine Zukunft«, die gerade das Essen in Schulen, Kindergärten, Krankenhäusern und Betriebskantinen revolutioniert, ist 2020 mitsamt ihrer Trainingsküche in Räume der *Markthalle Neun* eingezogen, einer aus dem Team, Patrick Wodni, hat vorher im *Nobelhart & Schmutzig* (S. 164) gekocht. Die Akteure der Berliner Gastronomie sind miteinander verknüpft – und mitten in diesem Netzwerk hat die *Markthalle Neun* eine wichtige Strahl- und Anziehungskraft. So kochte zum Beispiel der Sternekoch Michael Hoffmann eine Weile in der *Kantine Neun*, die täglich mehrere Mittagsgerichte anbietet. Mit seinem 2014 leider geschlossenen Restaurant *Margaux* gehört er zu den mutigen Pionieren der Gemüseküche: Fast alles, was er dort servierte, hatte er in seinem eigenen Garten in Brandenburg angebaut.

Perspektivisch, sagt Niedermeier, wolle man noch mehr selbst produzieren. Jetzt schon backt Sironi das Brot in der gläsernen Bäckerei in der Halle, im *Kaffee 9* werden die Bohnen selbst geröstet, und dem Käse von Matthias Becker kann man am Stand von *Alte Milch* hinter Glas beim Reifen zusehen. Niedermeier nimmt uns mit in den Keller, um uns die eigene Mikrobrauerei zu zeigen. Oben tobt das Marktgeschehen, hier unten ist es ruhig und kühl. Wir laufen unter niedrigen Decken und endlosen Rohrverästelungen durch den Keller, an den Seiten der Gänge stapeln sich Paletten und Kartons. Dann wird der Hopfengeruch stärker, in grünen Kisten stehen braune Bierflaschen, mehrere Holzfässer liegen herum. Hier, in einer ehemaligen

Schlachterei, braut Johannes Heidenpeter sein Craft Beer, das »Heidenpeters«. Niedermeier gibt lachend zu, dass er anfangs skeptisch war, als ein Berliner Künstler mit der Idee für ein eigenes Bier kam – »als Augsburger habe ich einen angeborenen und gepflegten bayerischen Chauvinismus, wenn es um das Bierbrauen geht«. Inzwischen aber sind die verschiedenen Sorten des »Heidenpeters« – wie etwa Pale Ale, Thirsty Lady, Session IPA oder Framboise – mit Abstand seine Lieblingsbiere: »Da ist richtig Geist drin und eine ernsthafte Auseinandersetzung mit der Bierkultur.«

Die »Heidenpeters«-Biere werden mittlerweile sogar bis nach Japan exportiert und finden sich auf einigen Getränkekarten der Berliner Restaurants, zum Beispiel im *Nobelhart & Schmutzig*. Aus dem Keller fließt das hauseigene Bier außerdem direkt in den Ausschank in der Halle und ins *Marktlokal*, das flankierende Restaurant auf der Pücklerstraße. Es ist der Nachfolger des *Weltrestaurants*, das als »Markthallenkneipe« einen berühmten Auftritt hatte in Sven Regeners legendärem Kreuzberg-Roman »Herr Lehmann«. Herr Lehmann, verkatert und übermüdet, stolpert an einem Sonntagvormittag im Jahr 1989, nach einer durchzechten Nacht durch die Tür. Ihm ist nach einem Konterbier und nach Schweinebraten, und sein seitenlanger Ärger auf die ausufernde Frühstücks- und Brunchkultur ist eine der schönsten kulinarischen Suadas der Literatur. »Es ist unmöglich, dachte Herr Lehmann, während er völlig sinnlos in der Nähe der Tür stand und den Raum links von ihm und die darin befindlichen Menschen beobachtete, sich hier auch nur zehn Sekunden lang aufzuhalten, dieser Frühstückskram macht alles kaputt, wie er jeden Sonntag alles kaputt macht, dachte er und blickte der Vollständigkeit halber noch einmal in die andere

Richtung, nach rechts, wo es zu den Toiletten ging und wo nur wenige Tische standen, die aber, wie zu erwarten, ebenso besetzt waren von Frühstückern. Der Frühstücker, dachte er zerstreut (…), ist ja der Feind an sich, und es ist sonntags immer Frühstückszeit, dachte er, jedenfalls bis 17 Uhr, auch in der Markthallenkneipe, obwohl sie behauptet, auch Restaurant zu sein, was es in diesem Fall nicht besser macht, dachte Herr Lehmann.«

Herr Lehmann verstrickt sich, als er schließlich am Personaltisch Platz genommen hat, mit der neuen Köchin in eine Diskussion. Er möchte einen Schweinebraten, sie ist allerdings empört, sich darum schon um elf Uhr morgens parallel zum Frühstück kümmern zu sollen. Kurz: Es ist der Auftakt einer großen Liebe zwischen Köchin und Verkatertem. Das neue *Marktlokal* bietet zwar auch keinen Schweinebraten ab elf Uhr an, aber Herrn Lehmann zuliebe gibt es samstags immer ein »Katerfrühstück«.

Markthalle Neun

Eisenbahnstraße 42/43 | 10997 Berlin
Öffnungszeiten: Mo – Fr 12 – 18 Uhr, samstags von 10 – 18 Uhr
bietet der Wochenmarkt ein erweitertes Angebot.
Mehr unter www.markthalleneun.de

Griechen & Römer

GEMÜSESENSIBEL

Cassambalis

Das kulinarische Grauen hat weltweit einen Namen: »der Grieche«! (Warum heißt es eigentlich nie »die Griechin«?) Zerkochtes, in fadem Olivenöl ertränktes Gemüse, dem man nicht anmerkt, ob man nun Zucchini oder Aubergine auf der Zunge hat; »Hirtensalate« mit viel zu dick geschnittenen Zwiebeln, glitschigen Oliven, ranzigem Feta und wässrigen Gurken sowie aromalosen Tomaten und Paprikastücken, die als Füllmaterial von Postpaketen besser funktionieren würden; Zaziki, dessen Knoblauchmiasmen einen noch weit in den nächsten Tag hinein an seinen kulinarischen Fehltritt erinnern; nicht zu vergessen Unmengen von auf dem Grill bis zur Unkenntlichkeit verbrutzelten trockenen Fisch- und fettigen Fleischstücken. Dazu Ouzo und Retsina in Rachenputzerqualität. Genau wie die Chinesen haben die Griechen im Ausland eine *Fake*-Küche entwickelt, die mit den hochdifferenzierten Geschmacksbildern ihrer Landesküche nicht das Geringste zu tun hat; schlechter isst man eigentlich nur noch »beim Jugoslawen«, aber den gibt es ja nicht mehr. So in etwa, dachten wir immer, muss es im *Akropolis* aus der »Lindenstraße« schmecken.

Das absolute Gegenteil vom Gruselgriechen aus der eingestellten ARD-Fernsehserie heißt *Cassambalis*. Das beginnt schon beim Interieur des luftigen Gastraums mit den weiß eingedeckten Tischen und den dunklen Lederbänken, der mit der Buntheit Aberdutzender moderner Gemälde in Petersburger Hängung kontrastiert. Eine gemalte Zigarettenschachtel in vertrautem rot-weißen Markendekor prangt über der Eingangstür, darauf statt des erwarteten Schriftzugs aber die Aufschrift *Malevitch*. Für Farbe sorgen am hinteren Ende des Saals auch die aufgetürmten Koch- und Kunstbücher, die von der Neugier des Wirts zeugen. Kostas Cassambalis, inzwischen mit seiner weißen Haar- und Barttracht ein wenig an den alten Ernest Hemingway erinnernd, kam zur Zeit der griechischen Militärdiktatur Anfang der 70er-Jahre nach Berlin und war Kellner bei Inge und Oswald Wiener in deren legendärem *Exil* am Paul-Lincke-Ufer und später im *Ax Bax* in Charlottenburg, wo David Bowie Stammgast war. Aus dieser Zeit kennt er auch Michel Würthle, den Gastronomen der *Paris Bar*, an die das *Cassambalis* auf den ersten Blick erinnert. Doch anders als in der *Paris Bar* steht im *Cassambalis* wirklich die Küche im Mittelpunkt.

Das beginnt schon mit dem qualitativ herausragenden und außergewöhnlich fruchtigen Olivenöl, das zum Brot gereicht wird. Am liebsten würden wir es uns vor Ort zum Mitnehmen abfüllen lassen. Sensibler zubereitetes Gemüse als auf dem legendären, in der Mitte des großzügigen Gastraums aufgebauten und von einer Nana von Niki de Saint Phalle gezierten riesigen Vorspeisenbüfett wird man schwerlich finde. Allerdings fällt dieses opulente Antipastiangebot nun schon lange Corona zum Opfer. Voll Wehmut erinnern wir uns an diesen Augenschmaus mit Melitzanasalat (delikat cremigem Auberginenmus), Carpaccio von Rind und Oktopus, gegrillten Austernpilzen, Tarama, Zaziki, eingelegten Sardinen, verschiedenen Meeresfrüchtesalaten und riesigen Platten mit gegrilltem Gemüse, das man selbst auswählt und das nach Gewicht abgerechnet wird. Wir werden seine Wiederkehr feiern.

Doch selbstverständlich muss man auf die berühmten *Cassambalis*-Vorspeisen deshalb nicht verzichten. Nun beim stets alerten, in schwarz-weißem Kellnerkostüm uniformierten Personal geordert, werden die Antipasti nach Wunsch in der Küche hinter der Klapptür auf der linken Seite angerichtet und am Tisch serviert.

Im Sommer erweitert sich der Speisesaal um viele Tische draußen, wo man bei Fine-de-Claire-Austern oder Jakobsmuscheln auf Belugalinsen rasch die Hektik des nahen Ku'damms vergisst und in kontemplativer Stimmung das Straßentheater der Passanten verfolgen kann.

Die Küche des *Cassambalis* ist nicht strikt orthodox griechisch, sondern nimmt kräftige Anleihen in Italien, Spanien und Frankreich. So findet sich unter den Vorspeisen auch spanische Chorizo-Wurst, die »orientalisch« scharf gewürzten Scampi zählen zu den Spezialitäten des Hauses, und ein nicht zu versäumendes Highlight ist die Fischsuppe mit Hummerfond, Scampi, geröstetem Brot und Aioli. Das Safranrisotto mit Parmesan und getrockneten Tomaten, die Taglioni mit Kalbsleber oder die Linguini mit Meeresfrüchten würden auch Italienern schmecken – kein Wunder, denn der Küchenchef des *Cassambalis* ist Italiener.

Kosmopolitisch mediterran geht es denn auch bei den Hauptgerichten weiter. Unbedingt sollte man sich erkundigen, welche Wildfangspezialitäten vorrätig sind – wer Glück hat, ergattert hier einen sensationell saftigen Steinbutt, eine elegante Seezunge oder eine perfekt gegrillte Dorade. Während das Souvlaki vom iberischen Duroc-Schwein mit Gemüserisotto und Kardamom daran erinnert, wie köstlich und ganz und gar aufregend ein Fleischspieß schmecken kann, ist die gebratene Kalbsleber an Butter-Salbei-Sauce und Kartoffelpüree oder die wunderbar mürbe Rinderroulade eine Reverenz an die Berliner Regional-küche.

Das *Cassambalis* war ein Lieblingslokal von Guido Wester-welle. Der verstorbene frühere deutsche Außenminister brachte auch Angela Merkel auf den Geschmack, seither gilt das Lokal als »Merkels Grieche«. Das Lieblingsgericht der Altkanzlerin sind die Keftedes, eine Art griechische Buletten aus Lamm, Schwein und Rind. Tatsächlich ist das *Cassambalis* ein idealer Ort, um in Ruhe ein Gespräch zu führen. Auf Musikbeschallung wird angenehmerweise verzichtet, höchstens nach Feierabend, wenn der Chefkellner ein Tablett mit großen Biergläsern in die Küche trägt und dort mit »Alkohool! Hoho!«-Rufen empfangen wird, erklingt Rembetiko. Wer dann noch vom freundlichen Personal auf einen Absacker eingeladen wird, darf sich hier end-gültig zu Hause fühlen.

Cassambalis

Grolmanstraße 35 | 10623 Berlin
Öffnungszeiten: Mo – Sa 12 – 1 Uhr, So 14 – 1 Uhr
Reservierung: 030/885 47 47
www.cassambalis.de

ABRÜSTUNGSKÜCHE

Sale e Tabacchi

Über das *Sale e Tabacchi* reden heißt, über Innenarchitektur reden. Am besten mit Max Dudler persönlich, wenn man das Glück hat, den inzwischen über 70-jährigen Architekten Max Dudler an seinem Stammplatz zu erwischen – leicht zu erkennen an der weißen Tolle in seiner hochstehenden Karajan-Frisur. Max Dudler ist Sohn eines Steinmetzes, aufgewachsen auf der Schweizer Seite des Bodensees, und das 1995 eröffnete *Sale e Tabacchi* ist das allerkleinste seiner zahlreichen Berliner Projekte, zu dem das Umspannwerk am Lützowplatz, der U-Bahnhof Museumsinsel oder das kubische Grimm-Zentrum der Humboldt-Universität in Mitte zählen – mit zwei Millionen Bänden immerhin die größte Freihandbibliothek Deutschlands. Überhaupt ist Max Dudler überaus buchaffin: Seine Diözesanbibliothek in Münster und die weiße Bücherkaaba der Stadtbibliothek in Heidenheim, echte Hingucker, die uns immer wieder begeistern, sind herausragende Bücherbauten.

Max Dudler ist mit der Innengestaltung des *Sale e Tabacchi* das Kunststück gelungen, den Geist der neuen Sachlichkeit zurück nach Berlin zu bringen und gleichzeitig ein Restaurantambiente zu schaffen, das nicht einschüchtert, sondern im Gegenteil befreiend wirkt. Das *Sale e Tabacchi* liegt in einem früher als

Druckerei genutzten Gründerzeitbau und ist einerseits ein Ort, an dem sich Menschen entspannt begegnen. Andererseits aber auch ein Ort, der mit seiner sechs Meter Deckenhöhe, mit seinen anmutig geschwungenen Bugholzmöbeln mit Halbkreislehnen und mit den weißen Tischdecken und feinen Gedecken eine gewisse Festlichkeit und urbane Seriosität ausstrahlt. Na gut, es hilft natürlich, dass das *Sale e Tabacchi* auch die inoffizielle Kantine der »taz« war, die lange nebenan residierte, und heute des Coworking-Space »Betahaus«. Das Restaurant ist schon bald nach seiner Eröffnung zu einem Insidertreff von Architektinnen, Künstlerinnen und Galeristen geworden und bis heute geblieben. Gleichzeitig war es aber von Beginn der Berliner Republik an immer ein Lieblingsrestaurant der Politprominenz. Hier feierte Gerhard Schröder seinen Sieg über Edmund Stoiber nach dem zweiten Fernsehduell 2002. Hier erfuhr Rezzo Schlauch von Joschka Fischer, dass sein Job als Fraktionsvorsitzender der Grünen an Fritz Kuhn gehen würde. Hier dichteten deutsche Boulevardmedien, einem ihrer besonders widerwärtigen Wesenszüge folgend, Sandra Maischberger unzählige Affären an – unter anderem mit Gerhard Schröder … Um die Ecke liegt das Axel-Springer-Hochhaus mit den Redaktionen der »Bild-Zeitung«, der »Welt« und »Welt am Sonntag«. Wir können uns nicht vorstellen, dass in irgendeinem Berliner Restaurant mehr Interviews mit Schauspielern und Regisseurinnen, Sängerinnen oder Autoren, Künstlern, Designerinnen, Models und Modemachern geführt wurden als hier. Und doch ist das *Sale e Tabacchi* ein durch und durch demokratischer Ort geblieben, ganz anders als etwa das *Borchardt* (S. 116) oder, extremer noch, der *Grill Royal* (S. 134). Schule für die Restaurantarchitektur Berlins gemacht hat jedenfalls die extrem lange Bank vor der ochsenblutrot gestrichenen langen Wand mit weißen Lampen im Eingangsbereich, die den Blick der Eintretenden magisch ins Innere zieht. Sie wurde oft kopiert.

Ein *Sale e Tabacchi* in Italien ist ein Dorf- oder Kleinstadtkiosk, der ähnlich wie ein Berliner Späti, eine Frankfurter Trinkhalle oder ein Kölner Büdchen Dinge des täglichen Bedarfs bereithält und zur Kommunikationszentrale des Ortes wird. Diese Funktion erfüllt das *Sale e Tabacchi* zweifellos.

Und die Küche?

Jedes Mal, wenn wir im *Sale e Tabacchi* essen waren, verließen wir diesen Italiener mit dem Gefühl positiver Überraschtheit. Natürlich hat hier niemand die Ambition, mit den Granden der Berliner Sterneküche zu konkurrieren. Andererseits haben wir aber auch keineswegs Lust, jeden Tag Haute Cuisine zu essen, sondern sehnen uns oft nach einem Teller Spaghetti pomodoro oder Ricotta-Raviolo mit Spinat in Salbeibutter. Die Losung im *Sale e Tabacchi* lautet: Abrüstungsküche. Hier kommt nichts Kompliziertes auf den Tisch. Aber was auf den Tisch kommt, ist jahrhundertelang durchdacht, überprüft und handwerklich gut exekutiert. Es mag ja Zufall sein, aber gefüllte Zucchiniblüten und geschmorte Artischocken, beides mit Minze verfeinert, gehören nun mal zu unseren Lieblingsgerichten aus der italienischen Küche, und diese finden sich in bester Qualität seit Jahrzehnten auf der Speisekarte des *Sale e Tabacchi*. Nichts auf diesem Menü liest sich in irgendeiner Weise spektakulär – Tagliatelle con ragu di manzo, Lasagna classica bolognese, Orecchiette mit Vongole, Kirschtomaten und Chilis oder Calamaretti saltati in padella, also in der Pfanne sautierte Babytintenfische, klingen weiß Gott nicht aufregend. Aber sie schmecken aufregend, und darauf kommt es an.

Sommerglück ist: ein Abend im Innenhof des *Sale e Tabacchi* auf den gleichermaßen schönen wie bequemen Korbstühlen, einem frischen Weißwein, dem Pulposalat mit Sellerie oder den selbst marinierten Anchovis als Vorspeise, dann vielleicht die Kalbsleber mit Salbei, ein Rinderbraten in Barolo oder nicht doch besser einfach den Wolfbarsch mit Avocado und Minze oder die Dorade vom Grill? Das *Sale e Tabacchi* will nichts anderes sein als ein guter Italiener – bis hin zu den Signori vom Personal in ihren weißen Hemden, schwarzen Hosen und schwarzen Schürzen, die seit der Eröffnung des Restaurants unverändert cool, sexy und gut aussehend sind.

Sale e Tabacchi

Rudi-Dutschke-Straße 25 | 10969 Berlin

Öffnungszeiten: Mo–So 12–24 Uhr

Reservierung: 030/23 21 15

www.sale-e-tabacchi.de

Im Flow

DIE PERFEKTE BALANCE

eins44 Kantine Neukölln

Schöner, geschichtsträchtiger und genussvoller kann man in Berlin nicht essen gehen. Das liegt natürlich an der Küche von Daniel Achilles, unbedingt auch am gut gelaunten Serviceteam rund um die Gastgeberin Katharina Bambach, nicht zuletzt aber am Genius Loci des Restaurants. Das *eins44 Kantine Neukölln* residiert in einem Industrieloft, für das nicht wenige Berliner Wohnungssuchende heute über Leichen gingen. An den Wänden riesige Fotografien vom Kontrollpult eines Atomkraftwerks und von überwucherten Hallen – auch eine Art Memento mori. Die geschmackssicher eingerichtete Werkhalle soll an ihre alte Nutzung als Likörfabrik erinnern: An den gusseisernen Tischgestellen mit alten Buchenplatten stehen Rowac-Stühle, heiß begehrte Sammlerstücke, die schon im Weimarer Bauhaus benutzt wurden. Über unseren Köpfen Industrielampen, in Regalen am Tresen einige Reliquien der vormaligen Fabrik wie eine Stechuhr sowie ein ikonisch großes Zahnrad. Die Firma »Reichel Essenzen – Marke Lichtherz« destillierte hier im dritten Hinterhof der »Otto-Reichel-Höfe« seit der Jahrhundertwende über sieben Jahrzehnte lang Aromenauszüge für die Spirituosenherstellung.

Um Geschmack dreht sich hier im *eins44 Kantine Neukölln* auch heute wieder alles. Nach dem Ende der Destillerie nutzten eine Vielzahl unterschiedliche Gewerke die Halle, bis der junge Berliner Gastronom Jonathan Kartenberg das weiß-grün geflieste Loft mit gut zehn Meter Deckenhöhe entdeckte und es als Restaurant renovieren ließ. Als Name wählte er die alte vierstellige Postleitzahl von Berlin-Neukölln: 1044. Mit dem 46-jährigen Daniel Achilles, der für das *Reinstoff* zwei Sterne holte, hat seit 2020 ein erfahrener Koch den jungen Gründungsküchenchef Tim Tanneberger abgelöst. Der steht heute im *theNOname* in Mitte hinterm Herd.

Auch wenn wir dem Charme des Industriedesigns in der *eins44 Kantine Neukölln* erlegen sind: Noch schöner ist es, im Sommer an langen Tafeln im begrünten dritten Hinterhof völlig wind- und lärmgeschützt draußen zu sitzen. Man fühlt sich wie in einem Palast – und das ist das *eins44* ja auch: ein Industriepalast. Im Januar 2022 wurde uns versichert, dass diese entspannte und unvermutet idyllische Außengastronomie auch nach Coronazeiten beibehalten werde. Alles andere wäre auch ein Jammer.

Daniel Achilles ist ein seltener Fall. Er setzt auf Zwischentöne und balanciert die Aromen, alles Grelle ist ihm fremd. So vollkommen austarierte Teller sind nicht nur in der Berliner, sondern auch in der internationalen Gastronomie rar. Sein Königsweg ist die Mitte, der Ausgleich, die Harmonie. Die findet sich zum Beispiel in der originellen Kombination von Kimchi mit auf den Punkt bissfest gegarten bunten Beeten und Nashi-Birne, mit denen ein kleiner Buchweizen-Crêpe gefüllt ist. Ein Klacks Tofu-Creme verleiht dem Gericht seidigen Schmelz. Noch erinnerungswürdiger, weil überzeugend abgestimmt, eine herausragende Vorspeise: der Taschenkrebs »à la Marie-Paule«. Damit ist natürlich unsere Neugier geweckt, wer diese Dame wohl sein mag. Eine umwegreiche Recherche führt uns zu einer

Köchin in einem Restaurant im normannischen Honfleur namens *Le Lieutenance*, das als »calme et authentique« gelobt wird. Das mit der ruhigen Authentizität entspricht absolut der Wahrheit, ahnen wir, als wir den in der Torteau-Schale servierten Taschenkrebs »à la Marie-Paule« kosten. Das saftige Taschenkrebsfleisch bei Achilles wird eben nicht von einem beliebigen Thousand-Island-Dressing erschlagen, sondern dezent von einer vollendet abgeschmeckten, aber nicht fettigen Mayonnaise begleitet, die kleinen Grapefruitfilets bieten dazu quasi als Begleitschutz ideale Säure, knackiger Eiskrautsalat sorgt für Frische. Eine in der Espressotasse servierte aufgeschäumte Krustentier-Bisque ist ein Geschmackswunder!

Daniel Achilles' Küche erzählt eine Heldenreise auf der Suche nach dem kulinarischen Gleichgewicht. Langweilig sind seine Kreationen nie. Achilles' Stärke sind die heimlichen Verführer: Traditionelle Gerichte von einer fast schon unheimlich erscheinenden Perfektion, deren Stimmigkeit von der ersten Gabel, dem ersten Löffel an überzeugen. So etwa die Zwischengerichte: eine saftige Jakobsmuschel im Idealgarpunkt mit aromatisch säuerlichen Apfelstreifen auf bissfesten Belugalinsen in einem würzigen Vadouvan-Fond, der die Muschel subtil mit seinen Curryaromen umspielt, ohne sie zu dominieren. Und nicht minder herausragend ein knusprig geröstetes Kalbsbries, großzügig mit Perigordtrüffelscheiben und dünn gehobelten Maronen bestreut, darunter ein hocharomatischer Trüffelfond und eine feine Maronencreme. Auch die Hauptgerichte lassen in der traumsicheren Würzkunst und Wohlproportioniertheit nicht nach: ein großes Stück rosa gebratener Rehrücken auf einem intensiv nach Wacholder duftenden Jus wird von einer donutförmigen Kartoffelkrokette und einer Zwiebel begleitet. Diese Zwiebel hat es in sich, denn sie ist gefüllt mit einer stückigen Farce aus Rehkeule und -blatt, kleine Croutons knuspern auf der Zunge. Auch der schön glasige Seeteufel »mar y montaña« gefällt sofort: In einem Chorizo-Sud mit Miesmuscheln erinnern hauchdünne Blumenkohl-tranchen an die Form von Mandelbrotmengen. Auf diesem Teller stimmt alles, sämtliche Elemente beziehen sich überzeugend aufeinander und verleihen sich gegenseitig Tiefe.

Die Weinkarte glänzt insbesondere mit recht fair kalkulierten Weißweinen wie etwa einem weißen Burgunder 2018 zu 56 Euro von der Domaine Ardhuy oder Originellem wie gleich zwei Großen Gewächsen Blaufränkisch vom württembergischen Meisterwinzer Aldinger aus Fellbach. Auch der 2011er Grand-Cru-Champagner von Ambonnay ist jeden Cent wert und mit seinen Brioche-Aromen im Kontrast zu seiner trotz der beachtlichen Reifung frischen Säure so harmonisch wie Daniel Achilles' Küche.

eins44 Kantine Neukölln

Elbestraße 28/29 | 12045 Berlin
Öffnungszeiten: Di–Sa 18–23 Uhr
Reservierung: 030/62 98 12 12
www.eins44.com

DER MAGISCHE
MOMENT

Bandol sur mer

Von allen Berliner Sternerestaurants ist das *Bandol sur mer* sicher das ungezwungenste, weil überraschendste und zugänglichste. Möchte man Menschen mit Haute Cuisine bekannt machen, die vielleicht unter kulinarischer Schwellenangst leiden, die mit den Gewohnheiten der Sterneküche eher fremdeln und denen Weinkarten und Sommeliers, Fischbestecke und Serviettenringe Angstschweiß auf die Stirn treiben, ist man hier an der richtigen Adresse. Der seit Gründung 2007 unveränderte Einrichtungsstil des *Bandol sur mer* wird heute gern mit »shabby chic« beschrieben – das täuscht. Fred Rubin, ein Künstler, der freundschaftshalber als Innenarchitekt wirkte, durfte sich für die Einrichtung im Fundus des Zentralkomitees der SED bedienen, und so findet sich manch kurioses Fundstück wie etwa ein ausgestopfter Goldfasan in dem von Kühlschränken und drei Fernsehern über der Tür dominierten Gastraum. Damals erforderte es ausgesprochenen Gründermut, in dieser Lage in Mitte ein Restaurant mit französischer Küche zu eröffnen. Der Vorgänger des *Bandol sur mer* war eine Dönerbude, die erste in Ostberlin, und es spricht für den Galgenhumor der drei Bandol-Väter, des Kochs Jean Cohen, des Weinhändlers Peter Ullrich und des Veranstalters Hans Wichmann, dass sie bei ihrer gastronomischen Landnahme einige der ursprünglichen Einrichtungselemente im Restaurant beließen.

Cohen führt inzwischen das nebenan gelegene *Trois minutes sur mer* mit gehobener Bistroküche weiter. 2018 hat der schon 2010 zum *Bandol sur mer* gestoßene Andreas Saul, der davor als Souschef in der *Weinbar Rutz* gearbeitet hat, das Restaurant als Patron und Chefkoch übernommen. Sauls Herkunft merkt man an einigen gemeinsamen Produktvorlieben der Küchen des *Rutz* (S. 89) und des *Bandols*, etwa für Gemüsecracker als Grundlage der Amuse-Bouches oder für Husumer Salzwiesenlamm. Gesichtspunkte wie Nachhaltigkeit, Tierwohl, die Frage nach der CO_2-Bilanz und die Zusammenarbeit mit lokalen Produzenten aus Brandenburg, Mecklenburg-Vorpommern oder dem Geflügel-Spezialisten Odefey & Töchter aus der Lüneburger Heide fließen in den Küchenstil mit ein, ohne deshalb als dogmatisches Programm in Stein gemeißelt zu sein.

Inzwischen ist aus dem Schmuddelkind Torstraße (»die schwarze, laute Torstraße«, nennt Maxim Biller sie in seinem 2007 spielenden Roman »Der falsche Gruß«) eine extrem hippe Gegend geworden. Noch halten sich hier ein paar kleine Designerläden, Galerien und Modeboutiquen – ehe so sicher wie das Amen in der Kirche die nächste Welle der Gentrifizierung über sie hereinbrechen wird. Das *Bandol sur mer* hat an dieser Entwicklung durchaus seinen Anteil. Der vielleicht wichtigste Teller, der hier über den Tresen ging, war ein schlichtes Entrecote mit Bohnen. Bestellt hatte es Brad Pitt, den vor über zehn Jahren ein deutscher Architektenfreund ins *Bandol sur mer* mitgeschleppt hatte. Als der Hollywoodstar vor der Torstraße 167 eine Zigarette rauchte, löste er angeblich einen solchen Medienauflauf aus, dass der damalige Koch Cohen ihn durch den Hintereingang vor den Fernsehteams flüchten lassen musste. Wieder so eine typische *Berlin story* der Gastronomie in dieser Stadt: *Se non è vero, è ben trovato ...*

Gastraum und Küche des *Bandol sur mer* sind nicht getrennt, was ein besonderes Vergnügen dieses Restaurants ausmacht, denn neugierige Besucher können so immer mal wieder den beiden Köchen am Herd bei der Arbeit zuschauen. »Relaxed«, aber sehr konzentriert ist die Arbeitsatmosphäre dort.

Auf den mit schwarzer Tafelfarbe bemalten Wänden wird nach wie vor das wechselnde Menü mit Kreide angeschrieben. Früher konnte man unter den »Klassikern« auch à la carte wählen, inzwischen hat die Küche auf ein Sieben-Gänge-Menü zu 139 Euro umgestellt, das auch in einer vegetarischen Variante angeboten wird. Die zwischen den Polen »gesellig und fröhlich« (2018er Chardonnay Domaine Cheveau, Mâcon zu 58 Euro), »ausgefallen und außergewöhnlich« (2012er Blaufränkisch Lutzmannsburg Alte Reben vom Weingut Moric im burgenländischen Großhöflein zu 169,00 Euro) und »reif und erwachsen« (2017er Riesling Gaisböhl G.C. Monopol von Dr. Bürklin-Wolf aus Wachenheim in der Pfalz zu 119 Euro) eingeteilte Weinkarte offeriert leider keinerlei Schnäppchen. Inzwischen ist Lisa Karsten als Sommelière und Gastgeberin zum Bandolisten-Team gestoßen, sie hat früher im *Golvet* und *einsunternull* gearbeitet. Wir essen im *Bandol sur mer*, was Wunder angesichts des Namens des Restaurants, besonders gern Fisch: zum Beispiel die Atlantik-Makrele mit Fenchel, Vermouth und Haselnussöl, eine aromatisch intensive Essenz vom Felsenoktopus mit Schweinskopf-Dimsum, Sepia und Avocado, die Fischsuppe mit Wildgarnele und safransatter Sauce Rouille, einen saftig-krossen Adlerfisch zu weißem Spargel, sanft gebeizten Stör mit Lardo zu

Eiszapfen und Schmorgurken, die gebratene Rotbarbe mit Schweinebauch und Artischockengemüse sowie den Hausklassiker schlechthin, Havelzander à la paysanne mit Äpfeln, weißen Zwiebeln und Blutwurst. Unsere Vorliebe für Fisch hat einen ganz einfachen Grund. Wir kennen kein Restaurant, das so verlässlich den für die Fischküche alles entscheidenden Garpunkt so optimal hinkriegt wie das *Bandol sur mer*. Wie oft standen wir in unseren Privatküchen und hätten uns am liebsten geohrfeigt, weil wir mal wieder den Steinbutt, den Wolfsbarsch oder den Seeteufel ein, zwei Minuten zu lang im Ofen gelassen hatten? Wir wissen nicht, wie es die *Bandol*-Köche schaffen, aber jedenfalls gelingt es ihnen mit enormer Verlässlichkeit, jenen magischen Moment zu erwischen, der zwischen »zu roh, zu glasig, nicht durch« und »zu faserig, zu drüsch, zu durch« liegt. Man muss Küchenmagie erkennen, wo sie sich präsentiert, und solche magischen Momente haben wir im *Bandol sur mer* mehrfach erleben dürfen.

Natürlich beherrscht die Küche auch Geflügel, Fleisch und Wild – sensationell das Reh vom Jäger Jörn Korte aus der Schorfheide, der auch das *Nobelhart & Schmutzig* beliefert. Im *Bandol sur mer* wird der Jus mit Fichtennadelbutter, Limetten und Cassis zu einer originellen und doch extrem stimmigen Sauce montiert. Wunderbar rosa die mit Kakao bestäubte Etoufée-Taube mit Rote-Bete-Variationen und geräucherter Crème fraîche; auch die zum in Nussbutter gebratenen Kalbsbries gereichte Sauce, eine Art Mandel-Gurken-Gremolata mit Petersilie, Dill und Schnittlauch, bleibt in Erinnerung – uns jedenfalls mehr und eindrucksvoller als Brad Pitt in jeder seiner Rollen.

Bandol sur mer

Torstraße 167 | 10785 Berlin

Öffnungszeiten: Do–So ab 18.30 Uhr

Reservierung: 030/67 30 20 51

www.bandolsurmer.de

Himmel und Erde

BAUCHAUFSCHWUNG
DER SEELE ...

Facil

Cielo, das ist Italienisch für Himmel. Schon das Wort auf Italienisch ausgesprochen zu hören bringt einem den Himmel ein Stück näher: Es klingt so, als nähme man einen klitzekleinen innerlichen Anlauf, um sich irgendwie auf ein höheres Level zu katapultieren. *Tschie-lo!* So eine Art Bauchaufschwung der Seele. Sehr schwer vorstellbar, dem Himmel noch näher zu kommen, als bei geöffnetem Dach auf der Terrasse des *Facil* vor einem Menü von Michael Kempf zu sitzen. Niemand in der deutschen Sternegastronomie richtet ästhetischer an als Kempf. Insbesondere auf dem Porzellan von Stefanie Hering, der Porzellandesignerin, mit der Kempf schon seit über fünfzehn Jahren im *Facil* zusammenarbeitet. Der berühmteste Entwurf von Stefanie Hering ist die Serie »Cielo«, ein filigranes Meisterwerk, das in Erinnerung bleibt. In die extrabreiten Ränder der Speiseteller werden per Hand winzige Löchlein in so dichter Anordnung gebohrt, dass am Ende mehr Nichts als Porzellan vorhanden zu sein scheint und es an ein Wunder grenzt, dass man etwas so Feines brennen kann. »Cielo« von Stefanie Hering ist mit Spinnweben, Wolken oder Watte verwandt und lässt anderes Porzellan schlicht grob erscheinen. Das letzte Mal bewunderten wir im *Facil* einen tiefen Cielo-Teller, in dem eine abgeflämmte Tranche Bachsaib-

ling auf einem Sud mit dicken Bohnen und Pfifferlingen lag;
dazu gab es ein Püree und Millefeuille von der Sonnenblumen-
wurzel (alias Topinambur), das mit einem kräftigen Klacks
Lachsforellenkaviar und einem knusprigen Chip Saiblingshaut
angerichtet war. Andächtig betrachteten wir das Kunstwerk,
denn natürlich war klar, jeder Griff zum Besteck würde es sofort
zerstören, um uns dann kichernd und unwillkürlich »*Volare nel
cielo infinito ...*« summend ins Vergnügen zu stürzen ...

Dem Himmel so nah ist man im *Facil* auch deshalb, weil man
vorher die Hölle durchschreiten muss. Die Hölle trägt in Berlin
den Namen Potsdamer Platz. Der Potsdamer Platz ist nicht nur
eine Art Rudis Resterampe der Architekturmoderne vom Ende
des letzten Jahrtausends, sondern eine Ansammlung all des Ab-
geschmackten, Vulgären und Lauten, des Nepps und der Abzo-
cke, für das Berlin immer schon ein besonderes Händchen hatte.
Blue Man Group. Public-Viewing-Mobs. Bierbikes. Döner-Mias-
men. *Happy hour crowds.* Hier, wo 1923 die Wiege des deutschen
Rundfunks mit dem Sender Funk-Stunde Berlin stand und heute
das Emirat Katar sein Geld in Immobilien anlegt, lässt sich leicht
schlechte Laune tanken. Burger-Brutzler-, *Vapiano-*, *Bubble-Tea-*
Stores überall. Currywurst mit Goldstaub? Immerhin, die wenigstens gibt's hier unseres Wissens nicht, dafür im *Adlon.* Auch
Michael Kempf hat für seine Gerichte vor vielen Jahren schon
Sonnenblumenkerne vergoldet. Aber heute würde er das sicher
nicht mehr tun. Lernfähig bleiben. Fehler einräumen. Irrwege
erkennen und vermeiden: Das zeichnet große Köche aus. Michael Kempf, geboren 1977 im schwäbischen Sigmaringen, der unter
anderem bei Dieter Müller in Bergisch-Gladbach, André Jäger in
der *Fischerzunft* in Schaffhausen und Lothar Eiermann im *Wald-
& Schlosshotel Friedrichsruhe* gearbeitet hat, ist ein großer Koch.

Was aus dem Potsdamer Platz wurde, der in den 90ern die größte innerstädtische Baustelle Europas war, diese Stein gewordene Ambitionslosigkeit, darf einen dagegen schon ernüchtern. Umso wichtiger, dass es hier noch einen gibt, der unverdrossen nach den Sternen greift, im fünften Stock des *Mandala Hotel*, im lichten Atrium mit seinen Glasfensterfronten und unter dem Bambus auf der Terrasse.

Als Kind wollte Michael Kempf eigentlich Archäologe werden. Sein Vater, ein Bibliothekar, riet ab; als Kempf auf der Realschule statt für Technik oder Französisch als Wahlfach für »Hauswirtschaft« optierte, war er der einzige Junge in der Klasse. Aber während eines Praktikums lernte er seinen Mentor kennen, der ihm einen Ausbildungsplatz als Koch anbot im *Romantik-Hotel Kleber Post* in Bad Saulgau, wo 1977 das legendäre letzte Treffen der Gruppe 47 stattfand. Inzwischen teilt sich Michael Kempf die Verantwortung für die Küche im *Facil* mit Joachim Gerner, den er 2015 vom Souschef zum Küchenchef beförderte; er selbst führt seither den Titel eines »Küchendirektors« und ist für die Gesamtgastronomie des Hotels *Mandala* verantwortlich, in dem das *Facil* seit 2001 residiert. Ideen muss man haben. Und Ausdauer – denn der Weg zum dritten Stern, auf den das *Facil* seit 2014 wartet, ist lang und steinig. Der frühere Marathonläufer Kempf, Bestzeit unter 3:16, weiß, welch tiefe Täler und seelenzerstörende Wüsteneien mitunter zum Erreichen selbst gesteckter Ziele zu durchqueren sind. Nur darf man sich das eben nicht anmerken lassen. Und hier kommt der Name des Restaurants ins Spiel. Im Grunde ist er eine Unverschämtheit. Zumindest eine Provokation. Denn einfach ist im *Facil* nun wirklich gar nichts. Weder die Produkte noch die Komposition der Aromen, weder die Gartechniken noch der Anrichtstil.

Scharfe Kontraste und unerwartete Harmonien sind Grundprinzipien in der Spitzengastronomie. Es ist nicht leicht, Kempfs Küchenstil zu beschreiben, aber tatsächlich durchzieht viele seiner Gerichte eine stringente innere Logik, auch wenn sie auf den ersten Blick kompliziert aussehen. Ein langer Streifen Schweinebauch etwa, darauf eine Gillardeaux-Auster, verborgen unter einem schneeweißen Lardo, auf dem drei Kaviarnocken mit Selleriestiften prunken und ein Tupfer Shiro-Miso etwas Säure beisteuert, dazu eine abgrundtiefe Sauce mit grünem Kardamom. Was ausgetüftelt klingt, erweist sich als wunderbar ausbalanciertes Gericht, in dem sich die Einzelkomponenten, das Derbe des Schweinebauchs und das Ätherische der Auster, genial ergänzen. Stücke von verlockend glasigem Kaisergranat schwimmen mit einigen Blättchen Feldsalat, Radicchio und wildem Brokkoli in einer dunklen Dashi-Brühe, darauf folgt ein Hirschrücken mit Steinpilzen, Mairübchen und in der Schale gegartem Knollensellerie. Zum Abschluss die »Wolke«, ein *signature dish* des Chefpâtissiers Thomas Yoshida: ein echter Augenschmaus auf dem Blue-Silent-Teller von Hering, acht unterschiedlich große, vor Leichtigkeit nahezu schwebende Kugeln aus weißer Schokoladencreme, gefüllt mit Kokos, Passionsfrucht sowie Bahibe-Schokolade, die zusammen einen Stratocumulus des Geschmacks bilden.

Das *Facil* war während der Lockdown-Zeiten denn auch unsere Wahl, um einmal auszuprobieren, wie viel himmlischer Sternenglanz denn auf den heimischen Esstisch fallen könnte. Es war Anfang Mai 2021, also entschieden wir uns für ein À-la-carte-Menü mit weißem Spargel, Stör und Kalbsfilet sowie zwei verschiedenen Desserts zum Probieren für vier Personen zu 530 Euro. Alternativ hätte zum Sparpreis auch ein von den Azubis in der Küche zubereitetes Menü zur Verfügung gestanden. Den angehenden Köchinnen und Köchen sollte so die durch das geschlossene Restaurant fehlende Küchenpraxis ersetzt werden – eine gute Idee, fanden wir, die hoffentlich nicht Schule machen muss. Wir holten gegen 17 Uhr an einem Mittwoch zwei gigantische Boxen in der kleinen Lobby des Hotels *Mandala* ab und fuhren unser Essen vorsichtig nach Hause.

Eines der Kennzeichen der *Facil*-Küche sind seine besonders aromenstarken Brühen. Das zeichnet auch das Dashi mit Erbsen und Radieschen aus, das um ein Knollensellerieconfit anzugießen war, auf dem es eine schmale Tranche geräucherter Stör mit einer Nocke Imperial-Kaviar zu platzieren galt. Natürlich vermissten wir daheim das grandiose Hering-Porzellan des Lokals, aber dank der zum Einsatz kommenden Speiseringe war das Confit auf einem Suppenteller mühelos glatt auszustreichen und der optische Eindruck mehr als befriedigend. Geschmacklich begeisterten uns die Umami-Finesse dieses Tellers, die gaumenauskleidende Konsistenz des Störs und der lange Kaviarnachhall. Mit wachsendem Selbstvertrauen machten wir uns an die Zubereitung des Folgegangs, der wesentlich schlichter, wenngleich ebenfalls überzeugend ausfiel: gebratener Spargel, Wagyu-Schinken, Chimichurri und Piemonteser Haselnüsse. Den vorgegarten Spargel in der Pfanne mit einem Klacks Butter kurz fertig zu braten war kein Hexenwerk, wobei uns der fettdurchwirkte Wagyu-Schinken zwar eine spannende Erfahrung schien, die Kombination mit dem Spargel und der Chimichurri-Emulsion aber nicht unbedingt nach Wiederholung schrie.

Dann aber erlebten wir unser kulinarisches Waterloo. Wir hatten das »Take Away Special« geordert, ein Kalbsfilet im Maronen-Crêpe mit Spitzkohl und Ingwer an Kalbsjus mit tasmanischem Pfeffer. Gemüse und Jus kamen appetitlich verpackt in Plastikbeuteln. Allerdings fehlte die Zubereitungsanleitung für diesen Gang, und weil unser Abend inzwischen weit fortgeschritten war, konnten wir auf die Schnelle im Hotel und Restaurant – Corona! – niemanden erreichen. Die Beutel mit dem Spitzkohl und der Jus waren sicherlich einfach im Wasserbad zu erwärmen. Aber wie mit dem auf Backpapier liegenden Kalbsfilet umgehen? Während die einen mit Blick auf den schon ziemlich durchgebacken wirkenden Maronen-Crêpe ein fünf Minuten kurzes Erwärmen im Ofen bei 180 Grad vorschlugen, fanden die anderen ein Vorgehen bei Niedrigtemperatur richtiger: 80 Grad und 30 Minuten. So oder so schrecklich lange Zeit, wenn man hungrig ist. Erst am nächsten Morgen fand sich die Erste-Hilfe-Mail vom freundlichen Hotelpersonal im Spam-Ordner, wonach das Kalbsfilet im vorgeheizten Backofen bei 140 Grad Umluft 30 Minuten auf der mittleren Schiene hätte gebacken werden müssen, um dann bei geöffneter Backofentüre sechs Minuten zu ruhen. Wir hingegen entschieden uns für die kürzere Backzeit und erfanden so an diesem Abend ein ganz neues Gericht: Carpaccio vom Kalbsfilet im Maronen-Crêpe … Man muss auch mit seinen Niederlagen leben lernen.

Aus dem Tal unseres Debakels am Herd holte uns Pâtissier Thomas Yoshida mit seinen Desserts zurück in den Himmel. Die »Wolke« mit aufgelegtem filigranen Schokoladenblatt sah genauso fluffig-prächtig aus wie im Lokal, und dass sie den Transport und die beträchtliche Wartezeit so intakt überstanden hatte, grenzte an ein Wunder. Nacktes Staunen lösten die Granny-Smith-grünen »Äpfel« mit grünem Kardamom, Zitrone, Ingwer und Granola sowie einem lebensechten Schokoladenstil aus: an Leichtigkeit und japanischer Aromatik nicht zu überbieten.

Lässt sich dieser kulinarische Lieferdienst nun in irgendeiner Weise mit einem Besuch im *Facil* vergleichen? Mit einem Wort: nein. So willkommen dieser kulinarische Lichtblick im Dunkel des Corona-Lockdowns war, kann sich die Raffinesse auf dem heimischen Teller nicht entfalten. Es fehlten denn doch der sensible Umgang mit frischen Kräutern, die eine Spur Fenchelpollen auf dem Teller, der entscheidende Kick der cremig aufgeschlagenen Grapefruit-Beurre blanc zur gebratenen Jakobsmuschel. Es fehlt die Leichtigkeit. Und auch die Festlichkeit. Zu Hause gelang uns dieser Bauchaufschwung der Seele an diesem Abend nicht. Aber der *cielo* wartet bekanntlich … im fünften Stock am Potsdamer Platz.

Facil

Potsdamer Straße 3 | 10785 Berlin
Öffnungszeiten: Mo–Fr 12–17 Uhr und 19–23 Uhr
Reservierung: 030/59 00 51 23
www.facil.de

KOCHEN FÜR HELDEN

Tulus Lotrek

Dass Max Strohe heute einer der bekanntesten Köche Deutschlands ist, liegt nicht nur an Corona. Natürlich war es ein Geniestreich, angesichts der Pandemie und voller Kühlhäuser eine Bewegung wie »Kochen für Helden« aus der Taufe zu heben: Die Idee, als Charity-Aktion für die unbesungenen Helden der Coronakrise, also für Pflegekräfte, Ärztinnen, Rettungssanitäter oder Supermarktverkäuferinnen, »Oma-Gerichte« wie Eintöpfe, Gulasch und Suppen zu kochen, fand landesweit Hunderttausende Nachahmer. Aber wie alle erfolgreichen Ideen kommt es auch bei dieser darauf an, wer sie als Erstes hatte und vernünftig umsetzte, und das waren in diesem Fall der 39-jährige Maximilian Strohe und seine Partnerin Ilona Scholl vom *Tulus Lotrek* in der Fichtestraße 24 in Kreuzberg.

Der Name des Restaurants *Tulus Lotrek* löst in uns ähnlich zwiespältige Gefühle aus wie das Brennnesselspiel unserer Kindheit, bei dem die Haut am Unterarm durch zwei Handbewegungen in entgegengesetzter Richtung verdreht wird. Ein Lustschmerz. Aber die phonetische Schreibweise des Namens des französischen Malers und Gourmets Henri de Toulouse-Lautrec prägt sich erstens ein und ist zweitens definitiv Programm für die Küche. Diese weist deutliche Anklänge an die französische Sterneküche mit ihrem reichen Saucen- und Fondsrepertoire auf, ohne sich an irgendwelche modischen Küchen-konzepte zu binden. Angeboten werden zwei Sechs bzw. Acht Gänge-Menüs, das eine »omnivor«, das andere »vegetarisch«, zu 139 Euro und 175 Euro, sowie eine Weinbegleitung mit sechs Gläsern zu 88 Euro oder acht Gläsern zu 108 Euro.

Die Gasträume des *Tulus Lotrek* empfangen mit hohen Stuckdecken, schön abgezogenen Holzdielen und einer kunter-bunten Ansammlung aufgearbeiteter Teakholztische aus Jawa und recyceltem Flohmarktmobiliar. Der Name des reservieren-den Gasts wird mit Kreide auf die Tischplatte geschrieben. Ilona Scholl, vom Gault-Millau 2021 zur »Gastgeberin des Jahres« ge-kürt, nimmt durch ihre unbekümmerte Fröhlichkeit jede Form von Schwellenangst. Wie im *Bandol sur mer* (S. 208) und im *Nobelhart & Schmutzig* (S. 164) ist der Ton im *Tulus Lotrek* eher lässig, hier soll sich niemand eingeschüchtert fühlen.

Die Gasträume dominiert eine von Veronika Auwald ent-worfene Tapete, die einen Urwald zeigt, zwischen dessen Stäm-men, Ranken, Blüten und Blattwerk kulinarische Schätze wie Würste, Schinken und Scampi hervorleuchten. Der Clou: Das Serviceteam um Ilona Scholl trägt Kleidung im selben Muster wie die Tapete, was zu dem überraschenden Effekt führt, dass das Personal gelegentlich in der Wand zu verschwinden scheint. Die Weinkarte wartet mit fair kalkulierten Überraschungen unter den Champagnern auf, etwa einem 2012 degorgierten 2000 Millésime Grand Cru von Maurice Vesell oder dem im Jahr 1982 begonnenen Solera-Verfahren ausgebauten »Mé-moire« von Huré Frères. Als Gruß aus der Küche passt dazu vorzüglich ein saftiges und doch wolkig leichtes Rote-Bete-Macaron, gefüllt mit Anchoviscreme, Olive und einer Parme-sankruste: ein handwerklich perfekter Auftakt. Auch ein in den

Tapetenfarben schillerndes Nori-Algenblatt, gefüllt mit lauwarmem Hummer, löst Behagen aus, genau wie die abgeflämmte Gelbschwanzmakrele, die mit crunchig frittiertem Lauchstroh und einem separat servierten kalten Karkassenfond mit genialer Pfefferschärfe auf den Tisch kommt. Herausragend auch der an der Gräte gegrillte Steinbutt mit Flageolet-Bohnen, Herzmuscheln und einer cremigen Champagner-Beurre blanc. Bereits ein Klassiker des 2015 gegründeten und schon seit 2017 mit einem Michelin-Stern ausgezeichneten *Tulus Lotrek* ist die in Nussbutter stark angeröstete Jakobsmuschel auf einem Karottenpüree, in das Seeigel eingearbeitet wird; verfeinert mit hausgemachter XO-Sauce, erhält der wunderbare Teller durch ein Yuzu-Gel einen intensiven Säurekick. Auch im Umgang mit den notorisch leicht zu übergarenden Carabineros erwies sich Max Strohe als sensibler Seafood-Koch. Die prachtvoll rot leuchtende Tiefseegarnele kommt in der Schale frittiert in einem Bouillabaisse-Korianderöl-Sud glasig zur Geltung. Spektakulär am gegrillten Kalbsfilet ist die Begleitung durch ein am Gaumen schmelzendes paniertes Kalbsbries – wir hätten das Filet gern gegen mehr von den sagenhaften Briesnocken getauscht, hätten uns dann aber um das Vergnügen der beiden Saucen gebracht, eines aromaintensiven Kalbsjus und einer dazu fein kontrastierenden federleichten Schnittlauchsauce. Die Desserts, ein im Mörser angerichteter »Scheiterhaufen« aus Frozen Yoghurt auf Kalamansi-Zitronen mit erfrischender Säure sowie ein Nougateis mit Piemonteser Haselnüssen und Meersalzkaramell, das einen unheimlich langen Nachhall aus sahniger Cremigkeit und Süße hinterließ, sind ein guter Grund, erneut einen Blick in die Champagnerabteilung der Weinkarte zu werfen. Diese glänzt allerdings auch mit starken Deutschen (Zimmerle aus Korb,

Ratzenberger vom Mittelrhein), Spaniern, Franzosen und Italienern und lädt dazu ein, Exoten wie Weine aus Slowenien, Ungarn, Serbien, Tschechien, Bulgarien oder Georgien zu entdecken. Wir kommen wieder!

Tulus Lotrek

Fichtestraße 24 | 10967 Berlin

Öffnungszeiten: Mo, Do–So 18–23 Uhr

Di und Mi Ruhetage

Reservierung: 030/41 95 66 87

www.tuluslotrek.de

Epilog

»Erdbeeren so groß wie Orangen«

Wir haben an den Anfang unseres Buchs einen Rückblick auf das kulinarische Berlin vor hundert Jahren gestellt. Am Schluss möchten wir in die Zukunft blicken: Wie könnte die Berliner Gastronomie im Jahr 2122 aussehen? Die Frage überfordert uns natürlich. Uns fällt dabei der berühmte Satz »Prognosen sind schwierig, insbesondere die Zukunft betreffend« ein, der mit Karl Valentin, Mark Twain und Winston Churchill nicht ohne Grund gleich drei Urhebern zugeschrieben wird. Uns tröstet aber auch die Erkenntnis von Arthur C. Clarke, dem Schöpfer von »2001 – Odyssee im Weltraum« und Entdecker der geostationären Umlaufbahn, wonach jede weit genug fortgeschrittene Technik von Magie ununterscheidbar sei. Wir sind sicher, das schließt auch die Küchentechnik ein.

Sicher wird die KI auch die Gastronomie revolutionieren. Vermutlich werden allein aus Kostengründen in den allermeisten Küchen und Bars in Berlin im Jahr 2122 am Herd und im Service keine Menschen mehr beschäftigt sein. Uns stimmt diese Aussicht eher traurig, lässt uns aber umso mehr unsere Gegenwart genießen. Was glauben Sie, wie sehr Sie sich in hundert Jahren über echte Humankontakte in der Gastronomie freuen werden! Vermutlich wird es sie dann nur noch in der Sternegastronomie geben – so diese bis dahin noch existiert.

Denn auch das ist längst ein offenes Geheimnis: Es wird immer schwerer, in diesem High-End-Segment Geld zu verdienen.

Und wo wir schon mal die Gastro-Pythia spielen: Wahrscheinlich scheint uns auch, dass allein schon aus Gründen der CO_2-Bilanz Regionalität und Saisonalität in der Gastronomie des 22. Jahrhunderts eine ganz selbstverständliche Hauptrolle einnehmen werden – so wie schon im 19. Jahrhundert. Dass weniger Lebensmittel verschwendet werden, mehr auf geschlossene Recyclingkreisläufe geachtet wird und Nachhaltigkeit eine größere Rolle spielt. Wir möchten auch darauf wetten, dass Anfang des 22. Jahrhunderts sehr viel weniger Fleisch und Fisch gegessen wird. Einerseits, weil hoffentlich das Tierwohl mehr im Mittelpunkt stehen und Fleisch überwiegend aus dem Labor kommen wird, andererseits weil die Fischbestände im Meer bis dahin dramatisch abgenommen haben werden. Nach Berechnungen des UN-Umweltprogramms UNEP steht ohne stärkere Schonung der Fischbestände spätestens 2050 das Ende der kommerziellen Fischerei bevor.

Doch vielleicht tauchen auch gänzlich überraschende Lösungen auf – so wie sie sich etwa der Brite Douglas Adams für sein feines kleines »Restaurant am Ende des Universums« ausgemalt hat, in dem zentrale Fragen über Essen und Moral diskutiert werden. Adams ließ sich dafür ein sprechendes Rind einfallen, das kein größeres Glück kennt, als sich für seine Gäste – darunter Adams' Helden Arthur Dent und der zweiköpfige Zaphod Beeblebrox – zu opfern: ›Guten Abend‹, muhte es und setzte sich behäbig auf seine Haxen. ›Ich bin das Hauptgericht des Tages. Dürfte ich Ihnen ein paar Teile meines Körpers schmackhaft machen?‹ Es räusperte sich und gluckerte ein bisschen, rüttelte sein Hinterteil in eine bequemere Position und starrte sie friedlich an. (…) ›Darf ich Ihnen vielleicht meine Leber ans Herz legen?‹, fragte das Tier. ›Sie muss mittlerweile ganz köstlich und zart sein, ich habe mich monatelang gestopft und gemästet.‹

›Einen grünen Salat‹, sagte Arthur mit Nachdruck.

›Einen grünen Salat‹, sagte das Tier und rollte mißbilligend die Augen zu Arthur hinüber.

›Wollen Sie mir etwa erzählen‹, sagte Arthur, ›ich sollte keinen grünen Salat bestellen?‹

›Nun ja‹, sagte das Tier, ›ich kenne viele Gemüse, die dazu eine sehr klare Meinung haben. Weshalb ja auch beschlossen wurde, das ganze verzwickte Problem ein für allemal zu lösen und ein Tier zu züchten, das wirklich gegessen werden will und dieses auch klar und deutlich sagen kann. Und hier bin ich also.‹

Ihm gelang eine ganz leichte Verbeugung.

›Ein Glas Wasser bitte‹, sagte Arthur.

›Hör mal‹, sagte Zaphod, ›wir wollen hier essen und uns nicht den Bauch mit Problemen vollschlagen. Vier schwach gebratene Steaks bitte, und ein bißchen dalli. Wir haben seit fünfhundertsechsundsiebzig Milliarden Jahren nichts mehr gegessen.‹

Das Tier kam schwankend auf die Beine. Es gab einen freundlichen Gurgelton von sich.

›Eine sehr kluge Wahl, Sir, wenn ich so sagen darf. Sehr gut‹, fügte es hinzu, ›ich eile sofort und erschieße mich.‹

Es drehte sich um und zwinkerte Arthur freundlich zu.

›Keine Bange, Sir‹, sagte es, ›ich mach's sehr human.‹«

Regionalität, Saisonalität, CO_2-Bilanz, ethische Vertretbarkeit von Fisch- und Fleischkonsum: Haben wir irgendein Schlagwort aus dem kulinarischen Diskurs unserer Gegenwart ausgelassen? Doch die Zukunft ist und bleibt unausrechenbar. Es kommt immer ganz anders …

»Was wäre, wenn?« – das ist eine der Urfragen der Literatur und einer der Gründe, warum viele Mächtige Literatur fürchten: Denn »Was wäre, wenn?« stellt immer auch die Machtfrage. 1910 lud der damals bekannte deutsche Journalist Arthur Brehmer eine Handvoll Fachleute für Technik, Politik, Kunst und Kultur dazu ein, sich Gedanken zu machen über »Die Welt in 100 Jahren«. Brehmers Anthologie wurde ein Bestseller und zählte lange zu den meistgesuchten Raritäten der Science-Fiction. Die Lektüre gehört zum Anregendsten und Aufregendsten, was man sich vorstellen kann, denn: Nichts macht so nostalgisch wie die Zukunft von gestern. Da werden ungeheure Luftflotten von Zeppelinen prognostiziert, Bertha von Suttner sieht den Weltfrieden voraus, Rudolf Martin den Krieg Europas gegen Asien, erstaunlich einig ist man sich über die Emanzipation der Frau und des Arbeiters und darüber, dass im Jahr 2010 die Erdbeeren so groß wie Orangen sein werden – mindestens. Leider enthält »Die Welt in 100 Jahren« kein eigenes Kapitel über die Zukunft der Gastronomie, wohl aber eines, das die »Geselligkeit« der Zukunft erörtert. Alexander von Gleichen-Rußwurm kommt darin zu dem überraschenden Fazit: »Da nun allem Anschein nach nicht nur der Mann, sondern auch die Frau außerhalb des Haushalts in steigendem Maße beschäftigt sind, und da fremde Leute, das heißt hauptsächlich Dienstboten, sich immer weniger zuverlässig erweisen, wächst das Bestreben, die Bürde der eigenen Wirtschaft abzuwerfen und im frohen, komfortablen Kommunismus des vornehmen Hotels aufzugehen.« Was waren das für verschonte Zeiten der Belle Époque, als man noch vom Kommunismus schwärmen konnte, ohne schaudernd an die Blutströme der russischen Revolution sieben Jahre später zu denken … Andererseits zeigt sich Alexander von Gleichen-Rußwurm von einem Zukunftsoptimismus beseelt, den wir so heute nicht aufbringen können: »Die offiziellen Feste der großen Welt werden ihren Charakter auch in hundert Jahren wenig geändert haben. Vertreter der unteren Volksschichten erscheinen vielleicht zahlreicher als heute, aber ihre Gegenwart wird noch weniger auffallen, da sie durch die steigende, verallgemeinerte Kultur gelernt haben werden, sich den feinen Sitten geselligen Verkehrs einzufügen, aber die kleinen, gemütlichen Veranstaltungen der schönen Welt, in denen sich immer der liebliche Zauber menschlicher Zusammengehörigkeit zeigte, sind in hundert Jahren wohl hauptsächlich in jenen lichtdurchfluteten, geschmackvoll eingerichteten Hotelräumen zu finden, in denen der neueste Komfort, die eleganteste Mode, der Schein des größten Reichtums zu den Selbstverständlichkeiten gehörte.« »Lichtdurchflutet« kennen wir heute weniger aus Hotels als aus Immobilienanzeigen, und wer einmal die »Vertreter der unteren Volksschichten« auf der Grünen Woche erlebt hat, wird bezweifeln, ob sie gelernt haben, »sich den feinen Sitten geselligen Verkehrs einzufügen«.

Vielleicht liegen wir mit unserer Vorschau auf die Zukunft Berlins genauso schön falsch wie der große Comickünstler Gerhard Seyfried, der zur 750-Jahr-Feier der Stadt Berlin 1987 sechs verschiedene »seienz-fikschn-Stadtbilder« Berlins imaginierte. Das vielleicht schrägste zeigt einen florierenden Osten, aus dem glückliche sozialistische Genossen voll angenehmen Grusel auf einer Schautreppe wie am Checkpoint Charlie in den pauperisierten, technisch maroden und sozial abgewirtschafteten Westen der Stadt blicken.

Eine andere der Seyfried-Visionen lässt Berlin nach dem Einmarsch der Sowjetunion unter einer meterdicken Eisschicht erstarren, Wölfe heulen in den Straßen, und Bretterbuden verkaufen Hirsebrei für zehn Kopeken. Und auf einem dritten seiner utopischen Stadtbilder bietet der Gourmetkiosk »Le Petit Pissoir« in einem vollkommen zugedröhnten Punk-Berlin Delikatessen »für den arbeitslosen Feinschmecker« an.

Es ist anders gekommen, als sich das Gerhard Seyfried vor bald vierzig Jahren ausgemalt hat. Schade, dass bisher noch keine Bude in Berlin »Null-Bock-Wurst« und »Dröhner Bebap« verkauft. Eines jedenfalls steht fest: Auch in hundert Jahren werden in Berlin, der Stadt mit dem gusseisernen Magen, Menschen feiern, trinken und essen. Gewiss werden sie es anders tun, als wir uns das heute vorstellen können. Die kulinarische Geschichte Berlins ist nicht auserzählt. Neue Generationen werden neue Kapitel aufschlagen. Mögen sie dabei genauso viele Abenteuer erleben wie wir.

DANK

Caro und Helmut Adam, Johannes Altincioglu, Jean-Claude
Bourgueil, Birgitt Claus, Sebastian Frank, Karin Graf, Stephan
Hentschel, Bakri Kamurgi, Tarik Kara, Volker Kutscher,
Martina Meuth und Moritz Neuner-Duttenhofer, Falco
Mühlichen, Dieter Müller, Florian Niedermeier, Tim Raue,
Hsien-Kuo Ting, Eberhard Spangenberg, Andreas Tölke,
Melanie Wege, Oswald (†) und Ingrid Wiener.

ANNE-DORE KROHN

geboren 1977 in Berlin, arbeitete mehrere Jahre für den Reise-
teil der Frankfurter Allgemeinen Sonntagszeitung, heute ist sie
Literaturredakteurin bei rbb Kultur des Rundfunks Berlin
Brandenburg (RBB). Sie hat eine Schwäche für guten Kaffee,
Gemüse in allen Aggregatzuständen und liebt die portugiesi-
sche Küche, Lieblingsgericht: Cataplana.

DENIS SCHECK

geboren 1964 in Stuttgart, lebt heute in Köln. Lange arbeitete
er als Literaturkritiker im Radio, heute ist er Moderator der
Fernsehsendungen »Lesenswert« im SWR und »Druckfrisch«
in der ARD. Er blickt mit Vergnügen über den eigenen Tellerrand und kocht gern für Gäste, Lieblingsgericht: frittierte
Zucchiniblüten.

ZITATNACHWEISE

S. 9/10
Aus: Eugen Szatmari, Berlin. *Was nicht im Bädeker steht.* Mit einem Nachwort von Magnus Klaue © 2021, Milena Verlag, ISBN 978-3-903184-66-4

S. 13/14, S. 25/26
Aus: Gabriele Tergit, *Käsebier erobert den Kurfürstendamm* © 1931, Rowohlt Verlag

S. 15, S. 24/25
Aus: Irmgard Keun, *Das kunstseidene Mädchen* © 2001, Ullstein Taschenbuch

S. 16/17
Aus: George Grosz, *Ein kleines JA und ein großes NEIN* © 2009, Schöffling & Co. Verlagsbuchhandlung GmbH, Frankfurt am Main © 1955 by George Grosz/The Estate of George Grosz

S. 17–19
Aus: Alfred Döblin, *Berlin Alexanderplatz* © 1929, S. Fischer Verlag GmbH, Frankfurt am Main

S. 19–21
Aus: Yvan Goll, *Sodom und Berlin.* Aus dem Französischen übersetzt von Gerhard Meier © 2021, Manesse Verlag, Zürich, in der Penguin Random House Verlagsgruppe GmbH, München

S. 20/21
Aus: Robert Walser, *Aschinger,* in: ders., *Sämtliche Werke in Einzelausgaben.* Herausgegeben von Jochen Greven. Band 3: Aufsätze. Mit freundlicher Genehmigung der Robert Walser-Stiftung, Bern. © 1978, 1985, Suhrkamp Verlag Zürich

S. 22
Aus: Vicki Baum: *Es war alles ganz anders: Erinnerungen* © 1978, Kiepenheuer & Witsch

S. 27/28
Aus: Klaus Mann, *Der Wendepunkt* © 1942, L. B. Fischer Verlag unter dem Originaltitel *The Turning Point: Thirty-Five Years in this Century*

S. 29–32
Aus: Kurt Tucholsky, *Das Elend mit der Speisekarte.* In: Gesammelte Werke in zehn Bänden. Band 6, Reinbek bei Hamburg 1975, S. 231–234

S. 172
Aus: Evelyn Waugh, *Wiedersehen mit Brideshead.* Aus dem Englischen übersetzt von pociao © 2017, Diogenes Verlag

S. 227/228
Aus: Douglas Adams, *Restaurant am Ende des Universums.* Aus dem Englischen übersetzt von Benjamin Schwarz © 2017, Kein & Aber

S. 229/230
Aus: Alexander von Gleichen-Rußwurm, *Geselligkeit.* In: *Die Welt in 100 Jahren.* Mit einem einführenden Essay Zukunft von gestern von Georg Ruppel © 2020, Georg Olms Verlag

ABBILDUNGSNACHWEIS

S. 231, S. 232
Gerhard Seyfried, *Berliner Stadtansichten*

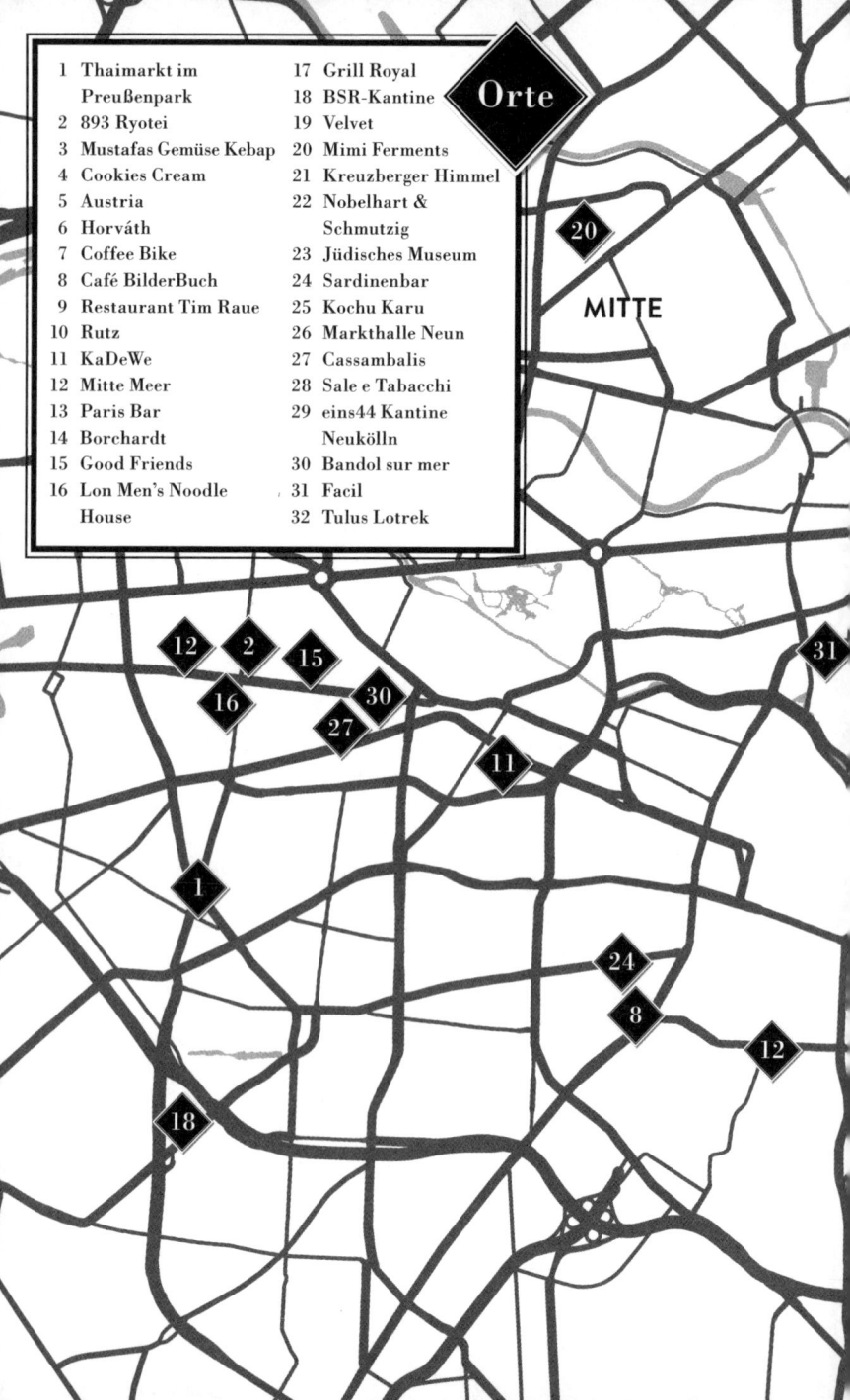

MITTE

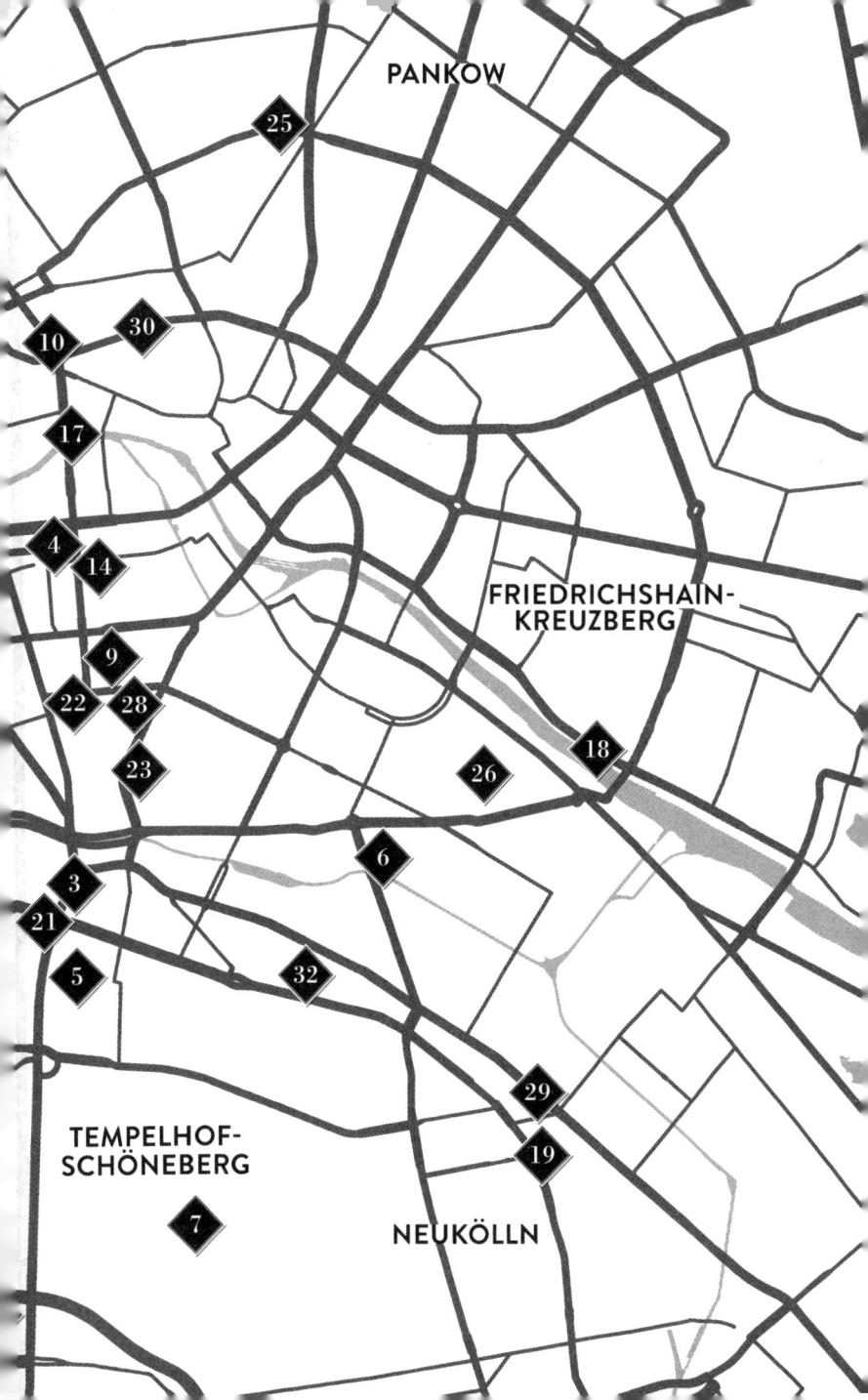

IMPRESSUM

© 2022 GRÄFE UND UNZER
VERLAG GmbH, Postfach 860366,
81630 München

MERIAN

MERIAN ist eine eingetragene
Marke der GRÄFE UND UNZER
VERLAG GmbH

ISBN 978-3-8342-3324-0

1. Auflage 2022

Autoren: Anne-Dore Krohn und
Denis Scheck
Redaktion und Projektmanagement:
Anne-Katrin Scheiter
Karte: Freytag & Berndt, Designbüro
Lübbeke, Naumann, Thoben, Köln
Schlusskorrektur: Maike Specht
Umschlaggestaltung, Layout und Satz:
Designbüro Lübbeke, Naumann,
Thoben, Köln

Ein Unternehmen der
GANSKE VERLAGSGRUPPE

Herstellung: Renate Hutt
Repro: Ludwig media, Zell am See
Druck und Bindung: Livonia Print,
Lettland

Wichtiger Hinweis
Aus Gründen der besseren Lesbarkeit
wird in diesem Buch bei Personen-
bezeichnungen das generische
Maskulinum verwendet. Es gilt
gleichermaßen für alle Geschlechter.

**Ansprechpartner für den
Anzeigenverkauf:**
KV Kommunalverlag GmbH & Co. KG,
MediaCenter München,
Tel. 089/928 09 60

**Bei Interesse an maßgeschneiderten
B2B-Produkten:**
roswitha.riedel@graefe-und-unzer.de

Leserservice
GRÄFE UND UNZER Verlag
Grillparzerstraße 12
81675 München
www.graefe-und-unzer.de

Umwelthinweis
Nachhaltigkeit ist uns sehr wichtig.
Der Rohstoff Papier ist in der Buchpro-
duktion hierfür von entscheidender
Bedeutung. Daher ist dieses Buch auf
PEFC-zertifiziertem Papier gedruckt.
PEFC garantiert, dass ökologische,
soziale und ökonomische Aspekte in
der Verarbeitungskette unabhängig
überwacht werden und lückenlos
nachvollziehbar sind.